DIALOGUES

Cette nouvelle édition dans la collection Champs comprend un texte inédit de Gilles Deleuze :
>L'actuel et le virtuel
>>(Annexe : chapitre V)

GILLES DELEUZE   CLAIRE PARNET

DIALOGUES

Champs essais

© 1996, pour cette édition
ISBN : 978-2-0812-1803-1

CHAPITRE PREMIER

UN ENTRETIEN, QU'EST-CE QUE C'EST, A QUOI ÇA SERT?

PREMIERE PARTIE

C'est très difficile de « s'expliquer » — une interview, un dialogue, un entretien. La plupart du temps, quand on me pose une question, même qui me touche, je m'aperçois que je n'ai strictement rien à dire. Les questions se fabriquent, comme autre chose. Si on ne vous laisse pas fabriquer vos questions, avec des éléments venus de partout, de n'importe où, si on vous les « pose », vous n'avez pas grand-chose à dire. L'art de construire un problème, c'est très important : on invente un problème, une position de problème, avant de trouver une solution. Rien de tout cela ne se fait dans une interview, dans une conversation, dans une discussion. Même la réflexion, à un, à deux ou à plusieurs, ne suffit pas. Surtout pas la réflexion. Les objections, c'est encore pire. Chaque fois qu'on me fait une objection, j'ai envie de dire : « D'accord, d'accord, passons à autre chose. » Les objections n'ont jamais rien apporté. C'est pareil quand on me pose une question générale. Le but, ce n'est pas de répondre à des questions, c'est de sortir, c'est d'en sortir. Beaucoup de gens pensent que c'est seulement en ressassant la question qu'on peut en sortir. « Qu'en est-il de la philosophie? est-elle morte? va-t-on la dépasser? » C'est très pénible. On ne va pas cesser de revenir à la question pour arriver à en sortir. Mais sortir ne se fait jamais ainsi. Le mouvement se fait toujours dans le dos du penseur, ou au moment où il cligne des paupières. Sortir, c'est déjà fait, ou bien on ne le fera jamais. Les questions sont généralement tendues vers un avenir (ou un passé). L'avenir des femmes, l'avenir de la révolution, l'avenir de la philosophie, etc. Mais pendant ce temps-là, pendant qu'on tourne en rond dans ces questions, il y a des devenirs qui opèrent en silence, qui sont presque imperceptibles. On pense trop en termes d'histoire, personnelle ou universelle. Les devenirs, c'est de la géographie, ce sont des orientations, des directions, des entrées et des sorties. Il y a un devenir-femme qui ne se confond pas avec les femmes, leur passé et leur avenir, et ce devenir, il faut bien que les femmes y entrent pour sortir de leur passé et de leur avenir, de leur histoire. Il y a un devenir-révolutionnaire qui n'est pas la même chose que l'avenir de la révolution, et qui ne passe pas forcément par les militants. Il y a un devenir-philosophe qui n'a rien à voir avec l'histoire de la philosophie, et qui passe plutôt par ceux que l'histoire de la philosophie n'arrive pas à classer.

Devenir, ce n'est jamais imiter, ni faire comme, ni se conformer à un modèle, fût-il de justice ou de vérité. Il n'y a pas un terme dont on part, ni un auquel on arrive ou auquel on doit arriver. Pas non plus deux termes qui s'échangent. La question « qu'est-ce que tu deviens? » est particulièrement stupide. Car à mesure que quelqu'un devient, ce qu'il devient change autant que lui-même. Les devenirs ne sont pas des phénomènes d'imitation, ni d'assimilation, mais de double capture, d'évolution non parallèle, de noces entre deux règnes. Les noces sont toujours contre nature. Les noces, c'est le contraire d'un couple. Il n'y a plus de machines binaires : question-réponse, masculin-féminin, homme-animal, etc. Ce pourrait être ça, un entretien, simplement le tracé d'un devenir. La guêpe et l'orchidée donnent l'exemple. L'orchidée a l'air de former une image de guêpe, mais en fait il y a un devenir-guêpe de l'orchidée, un devenir-orchidée de la guêpe, une double capture puisque « ce que » chacun devient ne change pas moins que « celui qui » devient. La guêpe devient partie de l'appareil de reproduction de l'orchidée, en même temps que l'orchidée devient organe sexuel pour la guêpe. Un seul et même devenir, un seul bloc de devenir, ou, comme dit Rémy Chauvin, une « évolution a-parallèle de deux êtres qui n'ont absolument rien à voir l'un avec l'autre ». Il y a des devenirs-animaux de l'homme qui ne consistent pas à faire le chien ou le chat, puisque l'animal et l'homme ne s'y rencontrent que sur le parcours d'une commune déterritorialisation, mais dissymétrique. C'est comme les oiseaux de Mozart : il y a un devenir-oiseau dans cette musique, mais pris dans un devenir-musique de l'oiseau, les deux formant un seul devenir, un seul bloc, une évolution a-parallèle, pas du tout un échange, mais « une confidence sans interlocuteur possible », comme dit un commentateur de Mozart — bref un entretien.

Les devenirs, c'est le plus imperceptible, ce sont des actes qui ne peuvent être contenus que dans une vie et exprimés dans un style. Les styles pas plus que les modes de vie ne sont des constructions. Dans le style ce ne sont pas les mots qui comptent, ni les phrases, ni les rythmes et les figures. Dans la vie, ce ne sont pas les histoires, ni les principes ou les conséquences. Un mot, vous pouvez toujours le remplacer par un autre. Si celui-là ne vous plaît pas, ne vous convient pas, prenez-en un autre, mettez-en un autre à la place. Si chacun fait cet effort, tout le monde peut se comprendre, et il n'y a plus guère de raison de poser des questions ou de faire des objections. Il n'y a pas de mots propres, il n'y a pas non plus de métaphores (toutes les métaphores sont des mots sales, ou en font). Il n'y a que des mots inexacts pour désigner quelque chose exactement. Créons des mots extraordinaires, à condition d'en faire l'usage le plus ordinaire, et de faire exister l'entité qu'ils désignent au même titre que l'objet le plus commun. Aujourd'hui, nous disposons de nouvelles manières de lire, et peut-être d'écrire. Il y en a de mauvaises et de sales. Par exemple, on a l'impression que certains livres sont écrits pour le compte rendu qu'un journaliste sera censé en faire, si bien qu'il n'y a même plus besoin de compte rendu, mais seulement de mots vides (faut lire ça! c'est fameux! allez-y! vous allez voir!) pour éviter la lecture du livre et la confection de l'article. Mais les bonnes manières de lire aujourd'hui, c'est d'arriver à traiter un livre comme on écoute un disque, comme on regarde un film ou une émission télé, comme on reçoit une chanson : tout traitement du livre qui réclamerait pour lui un respect spécial, une attention d'une autre sorte, vient d'un autre âge et condamne définitivement le livre. Il n'y a aucune question de difficulté ni de compréhension : les concepts sont exactement comme des sons, des couleurs ou des images, ce sont des intensités qui vous conviennent ou non, qui passent ou ne passent pas. Pop'philosophie. Il n'y a rien à comprendre, rien à interpréter. Je voudrais dire ce que c'est qu'un style. C'est la propriété de ceux dont on dit d'habitude « ils n'ont pas de style... ». Ce n'est pas une structure signifiante, ni une organisation réfléchie, ni une inspiration spontanée, ni une orchestration, ni une petite musique. C'est un agencement, un agencement d'énonciation. Un style, c'est arriver à bégayer dans sa propre langue. C'est difficile, parce qu'il faut qu'il y ait nécessité d'un tel bégaiement. Non pas être bègue dans sa parole, mais être bègue du langage lui-même. Etre comme un étranger dans sa propre langue. Faire une ligne de fuite. Les exemples les plus frappants pour moi : Kafka, Beckett, Gherasim Luca, Godard. Gherasim Luca est un grand poète parmi les plus grands : il a inventé un prodigieux bégaiement, le sien. Il lui est arrivé de faire des lectures publiques de ses poèmes; deux cents personnes, et pourtant c'était un événement, c'est un événement qui passera par ces deux cents, n'appartenant à aucune école ou mouvement. Jamais les choses ne se passent là où on croit, ni par les chemins qu'on croit.

On peut toujours objecter que nous prenons des exemples favorables, Kafka juif tchèque écrivant en allemand, Beckett irlandais écrivant anglais et français, Luca d'origine roumaine, et même Godard suisse. Et alors? Ce n'est le problème pour aucun d'eux. Nous devons être bilingue même en une seule langue, nous devons avoir une langue mineure à l'intérieur de notre langue, nous devons faire de notre propre langue un usage mineur. Le multilinguisme n'est pas seulement la possession de plusieurs systèmes dont chacun serait homogène en lui-même; c'est d'abord la ligne de fuite ou de variation qui affecte chaque système en l'empêchant d'être homogène. Non pas parler comme un Irlandais ou un Roumain dans une autre langue que la sienne, mais au contraire parler dans *sa langue à soi* comme un étranger. Proust dit : « Les beaux livres sont écrits dans une sorte de langue étrangère. Sous chaque mot chacun de nous met son sens ou du moins son image qui est souvent un contresens. Mais dans les beaux livres tous les contresens qu'on fait sont beaux [1]. » C'est la bonne manière de lire : tous les contresens sont bons, à condition toutefois qu'ils ne consistent pas en interprétations, mais qu'ils concernent l'usage du livre, qu'ils en multiplient l'usage, qu'ils fassent encore une langue à l'intérieur de sa langue. « Les beaux livres sont écrits dans une sorte de langue étrangère... » C'est la définition du style. Là aussi c'est une question de devenir. Les gens pensent toujours à un avenir majoritaire (quand je serai grand, quand j'aurai le pouvoir...). Alors que le problème est celui d'un devenir-minoritaire : non pas faire semblant, non pas faire ou imiter l'enfant, le fou, la femme, l'animal, le bègue ou l'étranger, mais devenir tout cela, pour inventer de nouvelles forces ou de nouvelles armes.

C'est comme pour la vie. Il y a dans la vie une sorte de gaucherie, de fragilité de santé, de constitution faible, de bégaiement vital qui est le charme de quelqu'un. Le charme, source de vie, comme le style, source d'écrire.

---

1. Proust, *Contre Sainte-Beuve,* éd. Gallimard, p. 303.

La vie, ce n'est pas votre histoire, ceux qui n'ont pas de charme n'ont pas de vie, ils sont comme morts. Seulement le charme n'est pas du tout la personne. C'est ce qui fait saisir les personnes comme autant de combinaisons, et de chances uniques que telle combinaison ait été tirée. C'est un coup de dés nécessairement vainqueur, parce qu'il affirme suffisamment de hasard, au lieu de découper, de probabiliser ou de mutiler le hasard. Aussi à travers chaque combinaison fragile, c'est une puissance de vie qui s'affirme, avec une force, une obstination, une persévération dans l'être sans égale. C'est curieux comme les grands penseurs ont à la fois une vie personnelle fragile, une santé très incertaine, en même temps qu'ils portent la vie à l'état de puissance absolue ou de « grande Santé ». Ce ne sont pas des personnes, mais le chiffre de leur propre combinaison. Charme et style sont de mauvais mots, il faudrait en trouver d'autres, les remplacer. C'est à la fois que le charme donne à la vie une puissance non personnelle, supérieure aux individus, et que le style donne à l'écriture une fin extérieure, qui déborde l'écrit. Et c'est la même chose : l'écriture n'a pas sa fin en soi-même, précisément parce que la vie n'est pas quelque chose de personnel. L'écriture a pour seule fin la vie, à travers les combinaisons qu'elle tire. Le contraire de la « névrose » où, précisément, la vie ne cesse pas d'être mutilée, abaissée, personnalisée, mortifiée, et l'écriture, de se prendre elle-même pour fin. Nietzsche, le contraire du névrosé, grand vivant à santé fragile, écrit : « Il semble parfois que l'artiste, et en particulier le philosophe, ne soit qu'un hasard dans son époque... A son apparition, la nature, qui ne saute jamais, fait son bond unique, et c'est un bond de joie, car elle sent que pour la première fois elle est arrivée au but, là où elle comprend qu'en jouant avec la vie et le devenir elle avait eu affaire à trop forte partie. Cette découverte la fait s'illuminer, et une douce lassitude du soir, ce que les hommes appellent charme, repose sur son visage [1]. »

1. Nietzsche, *Schopenhauer éducateur*.

Quand on travaille, on est forcément dans une solitude absolue. On ne peut pas faire école, ni faire partie d'une école. Il n'y a de travail que noir, et clandestin. Seulement c'est une solitude extrêmement peuplée. Non pas peuplée de rêves, de fantasmes ni de projets, mais de rencontres. Une rencontre, c'est peut-être la même chose qu'un devenir ou des noces. C'est du fond de cette solitude qu'on peut faire n'importe quelle rencontre. On rencontre des gens (et parfois sans les connaître ni les avoir jamais vus), mais aussi bien des mouvements, des idées, des événements, des entités. Toutes ces choses ont des noms propres, mais le nom propre ne désigne pas du tout une personne ou un sujet. Il désigne un effet, un zigzag, quelque chose qui passe ou qui se passe entre deux comme sous une différence de potentiel : « effet Compton », « effet Kelvin ». Nous disions la même chose pour les devenirs : ce n'est pas un terme qui devient l'autre, mais chacun rencontre l'autre, un seul devenir qui n'est pas commun aux deux, puisqu'ils n'ont rien à voir l'un avec l'autre, mais qui est entre les deux, qui a sa propre direction, un bloc de devenir, une évolution a-parallèle. C'est cela, la double capture, la guêpe ET l'orchidée : même pas quelque chose qui serait dans l'un, ou quelque chose qui serait dans l'autre, même si ça devait s'échanger, se mélanger, mais quelque chose qui est entre les deux, hors des deux, et qui coule dans une autre direction. Rencontrer, c'est trouver, c'est capturer, c'est voler, mais il n'y a pas de méthode pour trouver, rien qu'une longue préparation. Voler, c'est le contraire de plagier, de copier, d'imiter ou de faire comme. La capture est toujours une double-capture, le vol, un double-vol, et c'est cela qui fait, non pas quelque chose de mutuel, mais un bloc asymétrique, une évolution a-parallèle, des noces, toujours « hors » et « entre ». Alors ce serait ça, un entretien.

    Oui je suis un voleur de pensées
    non pas, je vous prie, un preneur d'âmes
    j'ai construit et reconstruit
    sur ce qui est en attente

car le sable sur les plages
découpe beaucoup de châteaux
dans ce qui fut ouvert
avant mon temps
un mot, un air, une histoire, une ligne
clefs dans le vent pour me faire fuir l'esprit
et fournir à mes pensées renfermées un courant
[d'arrière-cour
ce n'est pas mon affaire, m'asseoir et méditer
à perte et contemplation de temps
pour penser des pensées qui ne furent pas du pensé
pour penser des rêves qui ne furent pas rêvés
ou des idées nouvelles pas encore écrites
ou des mots nouveaux qui iraient avec la rime...
et je ne m'en fais pas pour les règles nouvelles
puisqu'elles n'ont pas encore été fabriquées
et je crie ce qui chante dans ma tête
sachant que c'est moi et ceux de mon espèce
qui les ferons, ces nouvelles règles,
et si les gens de demain
ont vraiment besoin des règles d'aujourd'hui
alors rassemblez-vous tous, procureurs généraux
le monde n'étant qu'un tribunal
oui
mais je connais les accusés mieux que vous
et pendant que vous vous occupez à mener les
[poursuites
nous nous occupons à siffloter
nous nettoyons la salle d'audience
balayant balayant
écoutant écoutant
clignant de l'œil entre nous
attention
    attention
votre tour ne va pas tarder [1].

Orgueil et merveille, modestie aussi de ce poème de Bob Dylan. Il dit tout. Professeur, je voudrais arriver

---

1. Bob Dylan, *Écrits et dessins,* éd. Seghers (traduction modifiée).

à faire un cours comme Dylan organise une chanson, étonnant producteur plutôt qu'auteur. Et que ça commence comme lui, tout d'un coup, avec son masque de clown, avec un art de chaque détail concerté, pourtant improvisé. Le contraire d'un plagiaire, mais aussi le contraire d'un maître ou d'un modèle. Une très longue préparation, mais pas de méthode ni de règles ou de recettes. Des noces, et pas des couples ni de conjugalité. Avoir un sac où je mets tout ce que je rencontre, à condition qu'on me mette aussi dans un sac. Trouver, rencontrer, voler, au lieu de régler, reconnaître et juger. Car reconnaître, c'est le contraire de la rencontre. Juger, c'est le métier de beaucoup de gens, et ce n'est pas un bon métier, mais c'est aussi l'usage que beaucoup de gens font de l'écriture. Plutôt être balayeur que juge. Plus on s'est trompé dans sa vie, plus on donne des leçons; rien de tel qu'un stalinien pour donner des leçons de non-stalinisme, et énoncer les « nouvelles règles ». Il y a toute une race de juges, et l'histoire de la pensée se confond avec celle d'un tribunal, elle se réclame d'un tribunal de la Raison pure, ou bien de la Foi pure... C'est pour cela que les gens parlent si facilement au nom et à la place des autres, et qu'ils aiment tant les questions, savent si bien les poser et y répondre. Il y en a aussi qui réclament d'être jugés, ne serait-ce que pour être reconnus coupables. Dans la justice, on se réclame d'une conformité, même si c'est à des règles qu'on invente, à une transcendance qu'on prétend dévoiler ou à des sentiments qui vous poussent. La justice, la justesse, sont de mauvaises idées. Y opposer la formule de Godard : pas une image juste, juste une image. C'est la même chose en philosophie, comme dans un film ou une chanson : pas d'idées justes, juste des idées. Juste des idées, c'est la rencontre, c'est le devenir, le vol et les noces, cet « entre-deux » des solitudes. Quand Godard dit : je voudrais être un bureau de production, évidemment il ne veut pas dire : je veux produire mes propres films, ou je veux éditer mes propres livres. Il veut dire juste des idées, parce que, quand on en est là, on est tout seul, mais on est aussi comme une association de malfaiteurs. On n'est plus un auteur, on est un bureau de production, on n'a jamais été plus peuplé. Etre une « bande » : les bandes vivent les pires dangers, reformer des juges, des tribunaux, des écoles, des familles et des conjugalités, mais ce qu'il y a de bien dans une bande, en principe, c'est que chacun y mène sa propre affaire tout en rencontrant les autres, chacun ramène son butin, et qu'un devenir s'esquisse, un bloc se met en mouvement, qui n'est plus à personne, mais « entre » tout le monde, comme un petit bateau que des enfants lâchent et perdent, et que d'autres volent. Dans les entretiens télé « 6 fois 2 », qu'est-ce que Godard et Mieville ont fait, sinon l'usage le plus riche de leur solitude, s'en servir comme d'un moyen de rencontre, faire filer une ligne ou un bloc entre deux personnes, produire tous les phénomènes de double capture, montrer ce qu'est la conjonction ET, ni une réunion, ni une juxtaposition, mais la naissance d'un bégaiement, le tracé d'une ligne brisée qui part toujours en adjacence, une sorte de ligne de fuite active et créatrice? ET... ET... ET...

Il ne faut pas chercher si une idée est juste ou vraie. Il faudrait chercher une tout autre idée, ailleurs, dans un autre domaine, telle qu'entre les deux quelque chose passe, qui n'est ni dans l'une ni dans l'autre. Or cette autre idée, on ne la trouve pas tout seul généralement, il faut un hasard, ou que quelqu'un vous la donne. Il ne faut pas être savant, savoir ou connaître tel domaine, mais apprendre ceci ou cela dans des domaines très différents. C'est mieux que le « cut-up ». C'est plutôt un procédé de « pick-me-up », de « pick-up » — dans le dictionnaire = ramassage, occasion, reprise de moteur, captage d'ondes; et puis sens sexuel du mot. Le cut-up de Burroughs est encore une méthode de probabilités, au moins linguistiques, et pas un procédé de tirage ou de chance unique à chaque fois qui combine les hétérogènes. Par exemple, j'essaie d'expliquer que les choses, les gens, sont composés de lignes très diverses, et qu'ils ne savent pas nécessairement sur quelle ligne d'eux-mêmes ils sont, ni où faire passer la ligne qu'ils sont en train de tracer : bref il y a toute une géographie dans les gens, avec des lignes dures, des lignes souples, des lignes de fuite, etc. Je vois mon ami Jean-Pierre qui m'explique, à propos d'autre chose, qu'une balance monétaire comporte une ligne entre deux sortes d'opérations simples en apparence, mais que justement cette ligne, les économistes peuvent la faire passer n'importe où, si bien qu'ils ne savent pas du tout où la faire passer. C'est une rencontre, mais avec qui? avec Jean-Pierre, avec un domaine, avec une idée, avec un mot, avec un geste? Avec Fanny, je n'ai jamais cessé de travailler de cette manière. Toujours ses idées m'ont pris à revers, venant de très loin ailleurs, si bien qu'on se croisait d'autant plus comme les signaux de deux lampes. Dans son travail à elle, elle tombe sur des poèmes de Lawrence concernant les tortues, je ne connaissais rien sur les tortues, et pourtant ça change tout pour les devenirs-animaux, ce n'est pas sûr que n'importe quel animal soit pris dans ces devenirs, peut-être les tortues, ou les girafes? Voilà Lawrence qui dit : « Si je suis une girafe, et les Anglais qui écrivent sur moi des chiens bien élevés, rien ne va plus, les animaux sont trop différents. Vous dites que vous m'aimez, croyez-moi, vous ne m'aimez pas, vous détestez instinctivement l'animal que je suis. » Nos ennemis sont des chiens. Mais qu'est-ce que c'est précisément une rencontre avec quelqu'un qu'on aime? Est-ce une rencontre avec quelqu'un, ou avec des animaux qui viennent vous peupler, ou avec des idées qui vous envahissent, avec des mouvements qui vous émeuvent, des sons qui vous traversent? Et comment séparer ces choses? Je peux parler de Foucault, raconter qu'il m'a dit ceci ou cela, détailler comme je le vois. Ce n'est rien, tant que je n'aurai pas su rencontrer réellement cet ensemble de sons martelés, de gestes décisifs, d'idées tout en bois sec et feu, d'attention extrême et de clôture soudaine, de rires et de sourires que l'on sent « dangereux » au moment même où l'on en éprouve la tendresse — cet ensemble comme unique combinaison dont le nom propre serait Foucault. Un homme sans références, dit François Ewald : le plus beau compliment... Jean-Pierre, le seul ami que je n'ai jamais quitté et qui ne m'a pas quitté... Et Jérôme, cette silhouette en marche, en mouvement, partout pénétrée de vie, et dont la générosité, l'amour s'alimente à un foyer secret, JONAS... En chacun de nous, il y a comme une ascèse, en partie dirigée contre nous-mêmes. Nous sommes des déserts, mais peuplés de tribus, de faunes et de flores. Nous passons notre temps à ranger ces tribus, à les disposer autrement, à en éliminer certaines, à en faire prospérer d'autres. Et toutes ces peuplades, toutes ces foules, n'empêchent pas le désert, qui est notre ascèse même, au contraire elle l'habitent, elles passent par lui, sur lui. En Guattari, il y a toujours eu une sorte de rodéo sauvage, en partie contre lui-même. Le désert, l'expérimentation sur soi-même, est notre seule identité, notre chance unique pour toutes les combinaisons qui nous habitent. Alors on nous dit : vous n'êtes pas des maîtres, mais vous êtes encore plus étouffants. On aurait tant voulu autre chose.

Je fus formé par deux professeurs, que j'aimais et admirais beaucoup, Alquié et Hyppolite. Tout a mal tourné. L'un avait de longues mains blanches et un bégaiement dont on ne savait pas s'il venait de l'enfance, ou s'il était là pour cacher, au contraire, un accent natal, et qui se mettait au service des dualismes cartésiens. L'autre avait un visage puissant, aux traits incomplets, et rythmait de son poing les triades hégéliennes, en accrochant les mots. A la Libération, on restait bizarrement coincé dans l'histoire de la philosophie. Simplement on entrait dans Hegel, Husserl et Heidegger; nous nous précipitions comme de jeunes chiens dans une scolastique pire qu'au Moyen Age. Heureusement il y avait Sartre. Sartre, c'était notre Dehors, c'était vraiment le courant d'air d'arrière-cour (et c'était peu important de savoir quels étaient ses rapports au juste avec Heidegger du point de vue d'une histoire à venir). Parmi toutes les probabilités de la Sorbonne, c'était lui la combinaison unique qui nous donnait la force de supporter la nouvelle remise en ordre. Et Sartre n'a jamais cessé d'être ça, non pas un modèle, une méthode ou un exemple, mais un peu d'air pur, un courant d'air même quand il venait du Flore, un intellectuel qui changeait singulièrement la situation de l'intellectuel. C'est stupide de se demander si Sartre est le début ou la fin de quelque chose. Comme toutes les choses et les gens créateurs, il est au milieu, il pousse par le milieu. Reste que je ne me sentais pas d'attrait pour l'existentialisme à cette époque, ni pour la phénoménologie, je ne sais vraiment pas pourquoi, mais c'était déjà de l'histoire quand on y arrivait, trop de méthode, d'imitation, de commentaire et d'interprétation, sauf par Sartre. Donc, après la Libération, l'histoire de la philosophie s'est resserrée sur nous, sans même que nous nous en rendions compte, sous prétexte de nous ouvrir à un avenir de la pensée qui aurait été en même temps la pensée la plus antique. La « question Heidegger » ne me paraît pas : est-ce qu'il a été un peu nazi? (évidemment, évidemment) — mais : quel a été son rôle dans cette nouvelle injection d'histoire de la philosophie? La pensée, personne ne prend ça très au sérieux, sauf ceux qui se prétendent penseurs, ou philosophes de profession. Mais ça n'empêche pas du tout qu'elle ait ses appareils de pouvoir — et que ce soit un effet de son appareil de pouvoir, lorsqu'elle dit aux gens : ne me prenez pas au sérieux puisque je pense pour vous, puisque je vous donne une conformité, des normes et des règles, une image, auxquelles vous pourrez d'autant plus vous soumettre que vous direz : « Ça n'est pas mon affaire, ça n'a pas d'importance, c'est l'affaire des philosophes et de leurs théories pures. »

L'histoire de la philosophie a toujours été l'agent de pouvoir dans la philosophie, et même dans la pensée. Elle a joué le rôle de répresseur : comment voulez-vous penser sans avoir lu Platon, Descartes, Kant et Heidegger, et le livre de tel ou tel sur eux? Une formidable école d'intimidation qui fabrique des spécialistes de la pensée, mais qui fait aussi que ceux qui restent en dehors se conforment d'autant mieux à cette spécialité dont ils se moquent. Une image de la pensée, nommée philosophie, s'est constituée historiquement, qui empêche parfaitement les gens de penser. Le rapport de la philosophie avec l'Etat ne vient pas seulement de ce que, depuis un passé proche, la plupart des philosophes étaient des « professeurs publics » (encore ce fait a-t-il eu, en France et en Allemagne, un sens très différent). Le rapport vient de plus loin. C'est que la pensée emprunte son image proprement philosophique à l'Etat comme belle intériorité substantielle ou subjective. Elle invente un Etat proprement spirituel, comme un Etat absolu, qui n'est nullement un rêve, puisqu'il fonctionne effectivement dans l'esprit. D'où l'importance de notions comme celles d'universalité, de méthode, de question et de réponse, de jugement, de reconnaissance ou de recognition, d'idées justes, toujours avoir des idées justes. D'où l'importance de thèmes comme ceux d'une république des esprits, d'une enquête de l'entendement, d'un tribunal de la raison, d'un pur « droit » de la pensée, avec des ministres de l'Intérieur et des fonctionnaires de la pensée pure. La philosophie est pénétrée du projet de devenir la langue officielle d'un pur Etat. L'exercice de la pensée se conforme ainsi aux buts de l'Etat réel, aux significations dominantes comme aux exigences de l'ordre établi. Nietzsche a tout dit sur ce point dans *Schopenhauer éducateur*. Ce qui est écrasé, et dénoncé comme nuisance, c'est tout ce qui appartient à une pensée sans image, le nomadisme, la machine de guerre, les devenirs, les noces contre nature, les captures et les vols, les entre-deux-règnes, les langues mineures ou les bégaiements dans la langue, etc. Certainement, d'autres disciplines que la philosophie et son histoire peuvent jouer ce rôle de répresseur de la pensée. On peut même dire aujourd'hui que l'histoire de la philosophie a fait faillite, et que « l'Etat n'a plus besoin de la sanction par la philosophie ». Mais d'âpres concurrents ont déjà pris la place. L'épistémologie a pris le relais de l'histoire de la philosophie. Le marxisme brandit un jugement de l'histoire ou même un tribunal du peuple qui sont plutôt plus inquiétants que les autres. La psychanalyse s'occupe de plus en plus de la fonction « pensée », et ne se marie pas sans raison avec la linguistique. Ce sont les nouveaux appareils de pouvoir dans la pensée même, et Marx, Freud, Saussure composent un curieux Répresseur à trois têtes, une langue dominante majeure. Interpréter, transformer, énoncer sont les nouvelles formes d'idées « justes ». Même le marqueur syntaxique de Chomsky est d'abord un marqueur de pouvoir. La linguistique a triomphé en même temps que l'information se développait comme pouvoir, et imposait son image de la langue et de la pensée, conforme à la transmission des mots d'ordre et à l'organisation des redondances. Ça n'a vraiment pas grand sens de se demander si la philosophie est morte, alors que beaucoup d'autres disciplines en reprennent la fonction. Nous ne nous réclamons d'aucun droit à la folie, tant la folie passe elle-même par la psychanalyse et la linguistique réunies, tant elle s'est pénétrée d'idées justes, d'une forte culture ou d'une histoire sans devenir, tant elle a ses clowns, ses professeurs et ses petits-chefs.

J'ai donc commencé par de l'histoire de la philosophie, quand elle s'imposait encore. Je ne voyais pas de moyen de m'en tirer, pour mon compte. Je ne supportais ni Descartes, les dualismes et le Cogito, ni Hegel, les triades et le travail du négatif. Alors j'aimais des auteurs qui avaient l'air de faire partie de l'histoire de la philosophie, mais qui s'en échappaient d'un côté ou de toutes parts : Lucrèce, Spinoza, Hume, Nietzsche, Bergson. Bien sûr, toute histoire de la philosophie a son chapitre sur l'empirisme : Locke et Berkeley y ont leur place, mais il y a chez Hume quelque chose de très bizarre qui déplace complètement l'empirisme, et lui donne une puissance nouvelle, une pratique et une théorie des relations, du ET, qui se poursuivront chez Russell et Whitehead, mais qui restent souterraines ou marginales par rapport aux grandes classifications, même quand elles inspirent une nouvelle conception de la logique et de l'épistémologie. Bien sûr aussi, Bergson a été pris dans l'histoire de la philosophie à la française; et pourtant il y a quelque chose d'inassimilable en lui, ce par quoi il a été une secousse, un ralliement pour tous les opposants, l'objet de tant de haines, et c'est moins le thème de la durée que la théorie et la pratique des devenirs de toute sorte et des multiplicités coexistantes. Et Spinoza, c'est facile de lui donner même la plus grande place dans la suite du cartésianisme; seulement il déborde cette place de tous les côtés, il n'y a pas de mort vivant qui soulève aussi fort sa tombe, et dise aussi bien : je ne suis pas des vôtres. C'est sur Spinoza que j'ai travaillé le plus sérieusement d'après les normes de l'histoire de la philosophie, mais c'est lui qui m'a fait le plus l'effet d'un courant d'air qui vous pousse dans le dos chaque fois que vous le lisez, d'un balai de sorcière qu'il vous fait enfourcher. Spinoza, on n'a même pas commencé à le comprendre, et moi pas plus que les autres. Tous ces penseurs sont de constitution fragile, et pourtant traversés d'une vie insurmontable. Ils ne procèdent que par puissance positive, et d'affirmation. Ils ont une sorte de culte de la vie (je rêve de faire une note à l'Académie des sciences morales, pour montrer que le livre de Lucrèce ne *peut* pas se terminer sur la description de la peste, et que c'est une invention, une falsification des chrétiens désireux de montrer qu'un penseur malfaisant *doit* finir dans l'angoisse et la terreur). Ces penseurs ont peu de rapports les uns avec les autres — sauf Nietzsche et Spinoza — et pourtant ils en ont. On dirait que quelque chose se passe entre eux, avec des vitesses et des intensités différentes, qui n'est ni dans les uns ni dans les autres, mais vraiment dans un espace idéal qui ne fait plus partie de l'histoire, encore moins un dialogue des morts, mais un entretien interstellaire, entre étoiles très inégales, dont les devenirs différents forment un bloc mobile qu'il s'agirait de capter, un inter-vol, années-lumière. Ensuite, j'avais payé mes dettes, Nietzsche et Spinoza m'avaient acquitté. Et j'ai écrit des livres davantage pour mon compte. Je crois que ce qui me souciait de toute façon, c'était de décrire cet exercice de la pensée, soit chez un auteur, soit pour lui-même, en tant qu'il s'oppose à l'image traditionnelle que la philosophie a projetée, a dressée dans la pensée pour la soumettre et l'empêcher de fonctionner. Mais je ne voudrais pas recommencer ces explications, j'ai déjà essayé de dire tout cela dans une lettre à un ami, Michel Cressole, qui avait écrit sur moi des choses très gentilles et méchantes.

Ma rencontre avec Félix Guattari a changé bien des choses. Félix avait déjà un long passé politique, et de travail psychiatrique. Il n'était pas « philosophe de formation », mais il avait d'autant plus un devenir-philosophe, et beaucoup d'autres devenirs. Il ne cessait pas. Peu de personnes m'ont donné l'impression de bouger à chaque moment, non pas de changer, mais de bouger tout entier à la faveur d'un geste qu'il faisait, d'un mot qu'il disait, d'un son de voix, comme un kaléidoscope qui tire chaque fois une nouvelle combinaison. Toujours le même Félix, mais dont le nom propre désignait quelque chose qui se passait, et non pas un sujet. Félix était un homme de groupe, de bandes ou de tribus, et pourtant c'est un homme seul, désert peuplé de tous ces groupes et de tous ses amis, de tous ses devenirs. Travailler à deux, beaucoup de gens l'ont fait, les Goncourt, Erckmann-Chatrian, Laurel et Hardy. Mais il n'y a pas de règles, de formule générale. J'essayais dans mes livres précédents de décrire un certain exercice de la pensée; mais le décrire, ce n'était pas encore exercer la pensée de cette façon-là. (De même, crier « vive le multiple », ce n'est pas encore le faire, il faut faire le multiple. Et il ne suffit pas non plus de dire : « à bas les genres », il faut écrire effectivement de telle façon qu'il n'y ait plus de « genres », etc.) Voilà que, avec Félix, tout cela devenait possible, même si nous rations. Nous n'étions que deux, mais ce qui comptait pour nous, c'était moins de travailler ensemble, que ce fait étrange de travailler entre les deux. On cessait d'être « auteur ». Et cet entre-les-deux renvoyait à d'autres gens, différents d'un côté et de l'autre. Le désert croissait, mais en se peuplant davantage. Ça n'avait rien à voir avec une école, avec des procès de recognition, mais beaucoup à voir avec des rencontres. Et toutes ces histoires de devenirs, de noces contre nature, d'évolution a-parallèle, de bilinguisme et de vol de pensées, c'est ce que j'ai eu avec Félix. J'ai volé Félix, et j'espère qu'il en a fait de même pour moi. Tu sais comment on travaille, je le redis parce que ça me paraît important, on ne travaille pas ensemble, on travaille entre les deux. Dans ces conditions, dès qu'il y a ce type de multiplicité, c'est de la politique, de la micropolitique. Comme dit Félix, avant l'Etre il y a la politique. On ne travaille pas, on négocie. On n'a jamais été sur le même rythme, toujours en décalage : ce que Félix me disait, je le comprenais et je pouvais m'en servir six mois plus tard; ce que je lui disais, il le comprenait tout de suite, trop vite à mon goût, il était déjà ailleurs. Parfois on a écrit sur la même notion, et l'on s'est aperçu ensuite qu'on ne la saisissait pas du tout de la même manière : ainsi « corps sans organes ». Ou bien un autre exemple. Félix travaillait sur les trous noirs; cette notion d'astronomie le fascine. Le *trou noir,* c'est ce qui vous capte et ne vous laisse pas sortir. Comment sortir d'un trou noir? Comment émettre du fond d'un trou noir? se demande Félix. Moi je travaillais plutôt sur un mur blanc : qu'est-ce que c'est un *mur blanc,* un écran, comment limer le mur, et faire passer une ligne de fuite? On n'a pas réuni les deux notions, on s'est aperçu que chacune tendait d'elle-même vers l'autre, mais justement pour produire quelque chose qui n'était ni dans l'une ni dans l'autre. Car des trous noirs sur un mur blanc, c'est précisément un *visage,* large visage aux joues blanches et percé d'yeux noirs, ça ne ressemble pas encore à un visage, c'est plutôt l'agencement ou la machine abstraite qui va produire du visage. Du coup, le problème rebondit, politique : quelles sont les sociétés, les civilisations qui ont besoin de faire fonctionner cette machine, c'est-à-dire de produire, de « surcoder » tout le corps et la tête avec un visage, et dans quel but? Ça ne va pas de soi, le visage de l'aimé, le visage du chef, la visagéification du corps physique et social... Voilà une multiplicité, avec au moins trois dimensions, astronomique, esthétique, politique. En aucun cas nous ne faisons d'usage métaphorique, nous ne disons pas : c'est « comme » des trous noirs en astronomie, c'est « comme » une toile blanche en peinture. Nous nous servons de termes déterritorialisés, c'est-à-dire arrachés à leur domaine, pour re-territorialiser une autre notion, le « visage », la « visagéité » comme fonction sociale. Et pire encore, les gens ne cessent pas d'être enfoncés dans des trous noirs, épinglés sur un mur blanc. C'est cela, être identifié, fiché, reconnu : un ordinateur central fonctionnant comme trou noir et balayant un mur blanc sans contours. Nous parlons littéralement. Justement, les astronomes envisagent la possibilité que, dans un amas globulaire, toutes sortes de trous noirs se ramassent au centre en un trou unique de masse assez grande... Mur blanc — trou noir, c'est pour moi un exemple typique de la manière dont un travail s'agence entre nous, ni réunion ni juxtaposition, mais ligne brisée qui file entre deux, prolifération, tentacules.

C'est cela une méthode de pick-up. Non, « méthode » est un mauvais mot. Mais pick-up comme procédé, c'est un mot de Fanny, dont elle redoute seulement qu'il fasse trop jeu de mot. Pick-up est un bégaiement. Il ne vaut que par opposition au cut-up de Burroughs : pas de coupure ni de pliage et de rabattement, mais des multiplications suivant des dimensions croissantes. Le pick-up ou le double vol, l'évolution a-parallèle, ne se fait pas entre des personnes, il se fait entre des idées, chacune se déterritorialisant dans l'autre, suivant une ligne ou des lignes qui ne sont ni dans l'une ni dans l'autre, et qui emportent un « bloc ». Je ne voudrais pas réfléchir sur du passé. Actuellement, Félix et moi, nous terminons un gros livre. C'est presque fini, ce sera le dernier.

Après on verra bien. On fera autre chose. Je voudrais donc parler de ce que nous faisons maintenant. Pas une de ces idées qui ne viennent de Félix, du côté de Félix (trou noir, micro-politique, déterritorialisation, machine abstraite, etc.). C'est le moment ou jamais d'exercer la méthode : toi et moi, nous pouvons nous en servir dans un autre bloc ou d'un autre côté, avec tes idées à toi, de manière à produire quelque chose qui n'est à aucun de nous, mais entre 2, 3, 4... *n*. Ce n'est plus « x explique x, signé x' », « Deleuze explique Deleuze, signé l'interviewer », mais « Deleuze explique Guattari, signé toi », « x explique y signé z ». L'entretien deviendrait ainsi une véritable *fonction*. Du côté de chez... Il faut multiplier les côtés, briser tout cercle au profit des polygones.

G. D.

DEUXIEME PARTIE

Si le procédé des questions et des réponses ne convient pas, c'est pour des raisons très simples. Le ton des questions peut varier : il y a un ton malin-perfide, ou au contraire un ton servile, ou bien égal-égal. On l'entend tous les jours à la télévision. Mais c'est toujours comme dans un poème de Luca (je ne cite pas exactement) : Fusilleurs et fusillés... face à face... dos à dos... face à dos... dos à dos et de face... Quel que soit le ton, le procédé questions-réponses est fait pour alimenter des dualismes. Par exemple dans une interview littéraire, il y a d'abord le dualisme interviewer-interviewé et puis, au-delà, le dualisme homme-écrivain, vie-œuvre dans l'interviewé lui-même, et puis encore le dualisme œuvre-intention ou signification de l'œuvre. Et quand il s'agit d'un colloque ou d'une table ronde, c'est pareil. Les dualismes ne portent plus sur des unités, mais sur des choix successifs : tu es un blanc ou un noir, un homme ou une femme, un riche ou un pauvre, etc.? Tu prends la moitié droite ou la moitié gauche? Il y a toujours une machine binaire qui préside à la distribution des rôles, et qui fait que toutes les réponses doivent passer par des questions préformées, puisque les questions sont déjà calculées sur les réponses supposées probables d'après les significations dominantes. Ainsi se constitue une grille telle que tout ce qui ne passe pas par la grille ne peut matériellement être entendu. Par exemple dans une émission sur les prisons, on établira les choix juriste-directeur de prison, juge-avocat, assistante sociale-cas intéressant, l'opinion du prisonnier moyen qui peuple les prisons étant rejetée hors grille ou hors du sujet. C'est en ce sens qu'on se fait toujours « avoir » par la télévision, on a perdu d'avance. Même quand on croit parler pour soi, on parle toujours à la place de quelqu'un d'autre qui ne pourra pas parler.

On est forcément eu, possédé ou plutôt dépossédé. Soit le célèbre tour de cartes appelé choix forcé. Vous voulez faire choisir à quelqu'un par exemple le roi de cœur. Vous dites d'abord : tu préfères les rouges ou les noires? S'il répond les rouges, vous retirez les noires de la table; s'il répond les noires, vous les prenez, vous les retirez donc aussi. Vous n'avez qu'à continuer : tu préfères les cœurs ou les carreaux? Jusqu'à, tu préfères le roi ou la dame de cœur? La machine binaire procède ainsi, même quand l'interviewer est de bonne volonté. C'est que la machine nous dépasse, et sert d'autres fins. La psychanalyse est exemplaire à cet égard, avec son procédé d'association d'idées. Je jure que les exemples que je donne sont réels, bien que confidentiels et non personnels : 1° Un patient dit « je voudrais partir avec un groupe hippie », le manipulateur répond « pourquoi prononcez-vous gros pipi? »; 2° Un patient parle des Bouches-du-Rhône, le psychanalyste commente lui-même « invitation au voyage que je ponctue d'une bouche de la mère » (si tu dis mère, je garde, et si tu dis mer, je retire, donc je gagne à chaque coup); 3° Une patiente déprimée parle de ses souvenirs de Résistance, et d'un nommé René qui était chef de réseau. Le psychanalyste dit : gardons René. Re-né, ce n'est plus Résistance, c'est Renaissance. Et Renaissance, c'est François Ier ou le ventre de la mère? Gardons maman. Oh oui, la psychanalyse n'est pas du tout *la lettre volée,* c'est le choix forcé. Là où elle s'est imposée, c'est parce qu'elle donnait à la machine binaire une nouvelle matière et une nouvelle extension, conformes à ce qu'on attend d'un appareil de pouvoir. Là où elle ne s'est pas imposée, c'est qu'il y avait d'autres moyens. La psychanalyse est une très froide entreprise (culture des pulsions de mort et de la castration, du sale « petit secret ») pour écraser tous les énoncés d'un patient, pour en retenir un double exsangue, et rejeter hors de la grille tout ce que le patient avait à dire sur ses désirs, ses expériences et ses agencements, ses politiques, ses amours et ses haines. Il y avait déjà tant de gens, tant de prêtres, tant de représentants qui parlaient au nom de notre conscience, il a fallu cette nouvelle race de prêtres et de représentants parlant au nom de l'inconscient.

Il est faux que la machine binaire n'existe que pour des raisons de commodité. On dit que « la base 2 » c'est le plus facile. Mais en fait la machine binaire est une pièce importante des appareils de pouvoir. On établira autant de dichotomies qu'il en faut pour que chacun soit fiché sur le mur, enfoncé dans un trou. Même les écarts de déviance seront mesurés d'après le degré du choix binaire : tu n'es ni blanc ni noir, alors arabe? ou métis? tu n'es ni homme ni femme, alors travesti? C'est cela le système mur blanc-trou noir. Et ce n'est pas étonnant que le visage ait une telle importance dans ce système : on doit avoir le visage de son rôle, à telle ou telle place parmi des unités élémentaires possibles, à tel ou tel niveau dans des choix successifs possibles. Rien n'est moins personnel que le visage. Même le fou doit avoir un certain visage conforme et qu'on attend de lui. Quand l'institutrice a l'air bizarre, on s'installe à ce dernier niveau de choix, et l'on dit : oui, c'est l'institutrice, mais, voyez, elle fait une dépression, ou elle est devenue folle. Le modèle de base, premier niveau, c'est le visage de l'Européen moyen d'aujourd'hui, ce qu'Ezra Pound appelle l'homme sensuel quelconque, Ulysse. On déterminera tous les types de visage à partir de ce modèle, par dichotomies successives. Si la linguistique elle-même procède par dichotomies (cf. les arbres de Chomsky où une machine binaire travaille l'intérieur du langage), si l'informatique procède par succession de choix duels, ce n'est pas si innocent qu'on pourrait le croire. C'est peut-être que l'information est un mythe, et que le langage n'est pas essentiellement informatif. D'abord, il y a un rapport langage-visage, et, comme dit Félix, le langage est toujours indexé sur des traits de visage, des traits de « visagéité » : regarde-moi quand je te parle... ou bien baisse les yeux... Quoi? qu'est-ce que tu as dit, pourquoi tu fais cette tête? Ce que les linguistes appellent « traits distinctifs » ne seraient même pas discernables sans les traits de visagéité. Et c'est d'autant plus évident que le langage n'est pas neutre, n'est pas informatif. Le langage n'est pas fait pour être cru mais pour être obéi. Quand l'institutrice explique une opération aux enfants, ou quand elle leur apprend la syntaxe, elle ne leur donne pas à proprement parler des informations, elle leur communique des commandements, elle leur transmet des mots d'ordre, elle leur fait produire des énoncés corrects, des idées « justes », nécessairement conformes aux significations dominantes. C'est pourquoi il faudrait modifier le schéma de l'informatique. Le schéma de l'informatique part d'une information théorique supposée maximale; à l'autre bout, il met le bruit comme brouillage, anti-information, et, entre les deux, la redondance, qui diminue l'information théorique, mais aussi lui permet de vaincre le bruit. Au contraire, ce serait : en haut la redondance comme mode d'existence et de propagation des ordres (les journaux, les « nouvelles » procèdent par redondance); en dessous l'information-visage comme étant toujours le minimum requis à la compréhension des ordres; et en dessous encore, quelque chose qui pourrait être aussi bien le cri que le silence, ou le bégaiement, et qui serait comme la ligne de fuite du langage, parler dans sa propre langue en étranger, faire du langage un usage minoritaire... On dirait aussi bien : défaire le visage, faire filer le visage. En tout cas si la linguistique, si l'informatique jouent facilement aujourd'hui un rôle de répresseur, c'est parce qu'elles fonctionnent elles-mêmes comme des machines binaires dans ces appareils de pouvoir, et constituent toute une formalisation des mots d'ordre plutôt qu'une science pure d'unités linguistiques et de contenus informatifs abstraits.

C'est vrai que dans tout ce que tu as écrit il y a le thème d'une image de la pensée qui empêcherait de penser, qui empêcherait l'exercice de la pensée. Tu n'es pourtant pas heideggérien. Tu aimes l'herbe plutôt que les arbres et la forêt. Tu ne dis pas que nous ne pensons pas encore, et qu'il y a un avenir de la pensée qui plonge dans le passé le plus immémorial, et que, entre les deux, tout serait « occulté ». Avenir et passé n'ont pas beaucoup de sens, ce qui compte, c'est le devenir-présent : la géographie et pas l'histoire, le milieu et pas le début ni la fin, l'herbe qui est au milieu et qui pousse par le milieu, et pas les arbres qui ont un faîte et des racines. Toujours de l'herbe entre les pavés. Mais précisément la pensée est écrasée par ces pavés qu'on appelle philosophie, par ces images qui l'étouffent et la jaunissent. « Images », ici, ne renvoie pas à de l'idéologie, mais à toute une organisation qui dresse effectivement la pensée à s'exercer suivant les normes d'un pouvoir ou d'un ordre établis, bien plus, qui installe en elle un appareil de pouvoir, qui l'érige elle-même en appareil de pouvoir : la Ratio comme tribunal, comme Etat universel, comme république des esprits (plus vous serez soumis, plus vous serez législateurs, car vous ne serez soumis... qu'à la raison pure). Dans *Différence et Répétition,* tu essayais de faire le dénombrement de ces images qui proposent à la pensée des fins autonomes, pour mieux la faire servir à des fins peu avouables. Elles se résument toutes dans le mot d'ordre : ayez des idées justes! C'est d'abord l'image de la bonne nature et de la bonne volonté — bonne volonté du penseur qui cherche « la vérité », bonne nature de la pensée qui possède en droit « le vrai ». Ensuite, c'est l'image d'un « sens commun » — harmonie de toutes les facultés d'un être pensant. Ensuite encore, c'est l'image de la recognition — « reconnaître », ne serait-ce que quelque chose ou quelqu'un, est érigé en modèle des activités du penseur qui exerce toutes ses facultés sur un objet supposé le même. Ensuite encore, c'est l'image de l'erreur — comme si la pensée n'avait à se méfier que d'influences extérieures capables de lui faire prendre le « faux » pour le vrai. Enfin, c'est l'image du savoir — comme lieu de vérité, et la vérité comme sanctionnant des réponses ou des solutions pour des questions et des problèmes supposés « donnés ».

L'intéressant, c'est aussi bien l'envers : comment la pensée peut secouer son modèle, faire pousser son herbe, même localement, même dans les marges, imperceptiblement. 1° Des pensées qui ne procéderaient pas d'une bonne nature et d'une bonne volonté, mais qui viendraient d'une violence subie par la pensée; 2° qui ne s'exerceraient pas dans une concorde des facultés, mais qui porteraient au contraire chaque faculté à la limite de sa discordance avec les autres; 3° qui ne se fermeraient pas sur la recognition, mais s'ouvriraient à des rencontres, et se définiraient toujours en fonction d'un Dehors; 4° qui n'auraient pas à lutter contre l'erreur, mais auraient à se dégager d'un ennemi plus intérieur et plus puissant, la bêtise; 5° qui se définiraient dans le mouvement d'apprendre et non dans le résultat de savoir, et qui ne laisseraient à personne, à aucun Pouvoir, le soin de « poser » des questions ou de « donner » des problèmes. Et même des auteurs sur lesquels tu as écrit, que ce soit Hume, Spinoza, Nietzsche, Proust, ou que ce soit Foucault, tu ne les traitais pas comme des auteurs, c'est-à-dire comme des objets de recognition, tu y trouvais ces actes de pensée sans image, aussi bien aveugles qu'aveuglants, ces violences, ces rencontres, ces noces qui en faisaient des créateurs bien avant qu'ils ne soient des auteurs. On peut toujours dire que tu essayais de les tirer à toi. Mais ils ne se laissent guère tirer. Tu ne rencontrais que ceux qui ne t'avaient pas attendu pour faire des rencontres en eux-mêmes, tu prétendais sortir de l'histoire de la philosophie ceux qui ne t'avaient pas attendu pour en sortir, tu n'as trouvé de créateurs qu'en ceux qui ne t'avaient pas attendu pour cesser d'être des auteurs (ni Spinoza ni Nietzsche ne sont des « auteurs » : ils s'en tirent, l'un par la puissance d'une méthode géométrique, l'autre par les aphorismes qui sont le contraire de maximes à auteur; même Proust s'en tire, par le jeu du narrateur; et Foucault, cf. les moyens qu'il propose pour échapper à la fonction d'auteur, dans *l'Ordre du discours*). C'est toujours en même temps qu'on assigne un auteur, qu'on soumet la pensée à une image, et qu'on fait de l'écriture une activité différente de la vie, qui aurait ses fins en elle-même... pour mieux servir des fins contre la vie.

Ton travail avec Félix (écrire à deux; c'est déjà une manière de cesser d'être auteur) ne t'a pas sorti de ce problème, mais lui a donné une orientation très différente. Vous vous êtes mis à opposer le rhizome aux arbres. Et les arbres, ce n'est pas du tout une métaphore, c'est une image de la pensée, c'est un fonctionnement, c'est tout un appareil qu'on plante dans la pensée pour la faire aller droit et lui faire produire les fameuses idées justes. Il y a toutes sortes de caractères dans l'arbre : il a un point d'origine, germe ou centre; il est machine binaire ou principe de dichotomie, avec ses embranchements perpétuellement répartis et reproduits, ses points d'arborescence; il est axe de rotation, qui organise les choses en cercle, et les cercles autour du centre; il est structure, système de points et de positions qui quadrillent tout le possible, système hiérarchique ou transmission de commandements, avec instance centrale et mémoire récapitulatrice; il a un avenir et un passé, des racines et un faîte, toute une histoire, une évolution, un développement; il peut être découpé, suivant des coupures dites signifiantes en tant qu'elles suivent ses arborescences, ses embranchements, ses concentricités, ses moments de développement. Or il n'y a pas de doute qu'on nous plante des arbres dans la tête : l'arbre de la vie, l'arbre du savoir, etc. Tout le monde réclame des racines. Le Pouvoir est toujours arborescent. Il y a peu de disciplines qui ne passent par des schémas d'arborescence : la biologie, la linguistique, l'informatique (les automates ou systèmes centrés). Et pourtant rien ne passe par là, même dans ces disciplines. Chaque acte décisif témoigne d'une autre pensée, pour autant que les pensées sont des choses elles-mêmes. Il y a des multiplicités qui ne cessent de déborder les machines binaires et ne se laissent pas dichotomiser. Il y a partout des centres, comme des multiplicités de trous noirs qui ne se laissent pas agglomérer. Il y a des lignes, qui ne se ramènent pas au trajet d'un point, et qui s'échappent de la structure, lignes de fuite, devenirs, sans avenir ni passé, sans mémoire, qui résistent à la machine binaire, devenir-femme qui n'est ni homme ni femme, devenir-animal qui n'est ni bête ni homme. Des évolutions non parallèles, qui ne procèdent pas par différenciation, mais qui sautent d'une ligne à une autre, entre des êtres tout à fait hétérogènes; des fêlures, des ruptures imperceptibles, qui brisent les lignes quitte à ce qu'elles reprennent ailleurs, sautant par-dessus les coupures signifiantes... C'est tout cela le rhizome. Penser, dans les choses, parmi les choses, c'est justement faire rhizome, et pas racine, *faire la ligne, et pas le point*. Faire population dans un désert, et pas espèces et genres dans une forêt. Peupler sans jamais spécifier.

Quelle est la situation aujourd'hui? Pendant longtemps, la littérature et même les arts se sont organisés en « écoles ». Les écoles sont de type arborescent. Et c'est déjà terrible, une école : il y a toujours un pape, des manifestes, des représentants, des déclarations d'avant-gardisme, des tribunaux, des excommunications, des volte-face politiques impudentes, etc. Le pire dans les écoles, ce n'est pas seulement la stérilisation des disciples (ils l'ont bien mérité), c'est plutôt l'écrasement, l'étouffement, de tout ce qui se passait avant ou en même temps — comment le « symbolisme » a étouffé le mouvement poétique extraordinairement riche de la fin du XIX° siècle, comment le surréalisme a écrasé le mouvement international dada, etc. Aujourd'hui les écoles ne sont plus payantes, mais au profit d'une organisation encore plus sombre : une sorte de marketing, où l'intérêt se déplace, et ne porte plus sur des livres, mais sur des articles de journaux, des émissions, des débats, des colloques, des tables rondes à propos d'un livre incertain qui, à la limite, n'aurait même plus besoin d'exister. Est-ce la mort du livre tel que l'annonçait Mac Luhan? Il y a un phénomène très complexe : le cinéma surtout, mais aussi dans une certaine mesure le journal, la radio, la télé, ont été eux-mêmes de puissants éléments qui mettaient en question la fonction-auteur, et qui dégageaient des fonctions créatrices au moins potentielles ne passant plus par un Auteur. Mais à mesure que l'écriture apprenait elle-même à se détacher de la fonction-auteur, celle-ci se reconstituait précisément à la périphérie, retrouvait du crédit à la radio, à la télé, dans les journaux, et même dans le cinéma (« cinéma d'auteur »). En même temps que le journalisme créait de plus en plus les événements dont il parlait, le journaliste se découvrait auteur, et redonnait une actualité à une fonction tombée dans le discrédit. Les rapports de force changeaient tout à fait entre presse et livre; et les écrivains ou les intellectuels passaient au service des journalistes, ou bien se faisaient leurs propres journalistes, journalistes d'eux-mêmes. Ils devenaient les domestiques des interviewers, des débatteurs, des présentateurs : journalisation de l'écrivain, exercices de clowns que les radios et les télés font subir à l'écrivain consentant. André Scala a bien analysé cette nouvelle situation. D'où la possibilité du marketing qui remplace aujourd'hui les écoles vieille manière. Si bien que le problème consiste à réinventer non seulement pour l'écriture, mais aussi pour le cinéma, la radio, la télé, et même pour le journalisme, les fonctions créatrices ou productrices libérées de cette fonction-auteur toujours renaissante. Car les inconvénients de l'Auteur, c'est de constituer un point de départ ou d'origine, de former un sujet d'énonciation dont dépendent tous les énoncés produits, de se faire reconnaître et identifier dans un ordre de significations dominantes ou de pouvoirs établis : « Moi en tant que... » Tout autres sont les fonctions créatrices, usages non conformes du type rhizome et non plus arbre, qui procèdent par intersections, croisements de lignes, points de rencontre au milieu : il n'y a pas de sujet, mais des agencements collectifs d'énonciation; il n'y a pas de spécificités, mais des populations, musique-écriture-sciences-audiovisuel, avec leurs relais, leurs échos, leurs interférences de travail. Ce qu'un musicien fait là-bas servira à un écrivain ailleurs, un savant fait bouger des domaines tout autres, un peintre sursaute sous une percussion : ce ne sont pas des rencontres entre domaines, car chaque domaine est déjà fait de telles rencontres en lui-même. Il n'y a que des intermezzo, des intermezzi, comme foyers de création. C'est cela, un entretien, et pas la conversation ni le débat préformés de spécialistes entre eux, ni même une interdisciplinarité qui s'ordonnerait dans un projet commun. Oh certes, les vieilles écoles et le nouveau marketing n'épuisent pas nos possibilités; tout ce qui est vivant passe ailleurs, et se fait ailleurs. Il pourrait y avoir une charte des intellectuels, des écrivains et des artistes, où ceux-ci diraient leur refus d'une domestication par les journaux, radios, télés, quitte à former des groupes de production et à imposer des connexions entre les fonctions créatrices et les fonctions muettes de ceux qui n'ont pas le moyen ni le droit de parler. Il ne s'agit surtout pas de parler pour les malheureux, de parler au nom des victimes, des suppliciés et opprimés, mais de faire une ligne vivante, une ligne brisée. L'avantage serait au moins, dans le monde intellectuel si petit qu'il soit, de séparer ceux qui se veulent « auteurs », école ou marketing, plaçant leurs films narcissiques, leurs interviews, leurs émissions et leurs états d'âme, la honte actuelle, et ceux qui rêvent d'autre chose — ils ne rêvent pas, ça se fait tout seul. Les deux dangers, c'est l'intellectuel comme maître ou disciple, ou bien l'intellectuel comme cadre, cadre moyen ou supérieur.

Ce qui compte dans un chemin, ce qui compte dans une ligne, c'est toujours le milieu, pas le début ni la fin. On est toujours au milieu d'un chemin, au milieu de quelque chose. L'ennuyeux dans les questions et les réponses, dans les interviews, dans les entretiens, c'est qu'il s'agit le plus souvent de faire le point : le passé et le présent, le présent et l'avenir. C'est même pourquoi il est toujours possible de dire à un auteur que sa première œuvre contenait déjà tout, ou au contraire qu'il ne cesse de se renouveler, de se transformer. De toutes manières, c'est le thème de l'embryon qui évolue, soit à partir d'une préformation dans le germe, soit en fonction de structurations successives. Mais l'embryon, l'évolution, ce ne sont pas de bonnes choses. Le devenir ne passe pas par là. Dans le devenir, il n'y a pas de passé ni d'avenir, ni même de présent, il n'y a pas d'histoire. Dans le devenir, il s'agit plutôt d'involuer : ce n'est ni régresser, ni progresser. Devenir, c'est devenir de plus en plus sobre, de plus en plus simple, devenir de plus en plus désert, et par là même peuplé. C'est cela qui est difficile à expliquer : à quel point involuer, c'est évidemment le contraire d'évoluer, mais c'est aussi le contraire de régresser, revenir à une enfance, ou à un monde primitif. Involuer, c'est avoir une marche de plus en plus simple, économe, sobre. C'est vrai aussi pour les vêtements : l'élégance, comme le contraire de l'over-dressed où l'on en met trop, on rajoute toujours quelque chose qui va tout gâcher (l'élégance anglaise contre l'over-dressed italien). C'est vrai aussi de la cuisine : contre la cuisine évolutive, qui en rajoute toujours, contre la cuisine régressive qui retourne aux éléments premiers, il y a une cuisine involutive, qui est peut-être celle de l'anorexique. Pourquoi y a-t-il une telle élégance chez certains anorexiques? C'est vrai aussi de la vie, même la plus animale : si les animaux inventent leurs formes et leurs fonctions, ce n'est pas toujours en évoluant, en se développant, ni en régressant comme dans le cas de la prématuration, mais en perdant, en abandonnant, en réduisant, en simplifiant, quitte à créer les nouveaux éléments et les nouveaux rapports de cette simplification [1]. L'expérimentation est involutive, le contraire de l'over-dose. C'est vrai aussi de l'écriture : arriver à cette sobriété, cette simplicité qui n'est ni la fin ni le début de quelque chose. Involuer, c'est être « entre », au milieu, adjacent. Les personnages de Beckett sont en perpétuelle involution, toujours au milieu d'un chemin, déjà en route. S'il faut se cacher, s'il faut toujours prendre un masque, ce n'est pas en fonction d'un goût pour le secret qui serait un petit secret personnel, ni par précaution, c'est en fonction d'un secret d'une plus haute nature, à savoir que le chemin n'a pas de début ni de fin, qu'il lui appartient de maintenir son début et sa fin cachés, parce qu'il ne peut pas faire autrement. Sinon ce ne serait plus un chemin, il n'existe comme chemin qu'au milieu. Le rêve, ce serait que tu sois le masque de Félix et Félix le tien. Alors il y aurait vraiment un chemin entre les deux, que quelqu'un d'autre pourrait prendre au milieu, quitte à son tour, etc. C'est cela, un rhizome, ou de la mauvaise herbe. Les embryons, les arbres, se développent, suivant leur préformation génétique ou leurs réorganisations structurales. Mais pas la mauvaise herbe : elle déborde à force d'être sobre. Elle pousse entre. Elle est le chemin lui-même. Les Anglais et les Américains, qui sont les moins auteurs parmi les écrivains, ont deux sens particulièrement aigus, et qui communiquent : celui de la route et du chemin, celui de l'herbe et du rhizome. Peut-être est-ce la raison pour laquelle ils n'ont guère de philosophie comme institution spécialisée, et n'en ont pas besoin, parce qu'ils ont su dans leurs romans faire de l'écriture un acte de pensée, et de la vie une puissance non personnelle, herbe et chemin l'un dans l'autre, devenir-bison. Henry Miller : « L'herbe n'existe qu'entre les grands espaces non cultivés. Elle comble les vides. *Elle pousse entre — parmi les autres choses.* La fleur est belle, le chou est utile, le pavot rend fou. Mais l'herbe

---

[1]. Cf. G. G. Simpson, *L'Evolution et sa signification*, éd. Payot.

est débordement, c'est une leçon de morale[1]. » La promenade comme acte, comme politique, comme expérimentation, comme vie : « Je m'étends comme de la brume ENTRE les personnes que je connais le mieux », dit Virginia Woolf dans sa promenade parmi les taxis.

Le milieu n'a rien à voir avec une moyenne, ce n'est pas un centrisme ni une modération. Il s'agit au contraire d'une vitesse absolue. Ce qui croît par le milieu est doué d'une telle vitesse. Il faudrait distinguer non pas le mouvement relatif et le mouvement absolu, mais la vitesse relative et la vitesse absolue d'un mouvement quelconque. Le relatif, c'est la vitesse d'un mouvement considéré d'un point à un autre. Mais l'absolu, c'est la vitesse du mouvement entre les deux, au milieu des deux, et qui trace une ligne de fuite. Le mouvement ne va plus d'un point à un autre, il se fait plutôt entre deux niveaux comme dans une différence de potentiel. C'est une différence d'intensité qui produit un phénomène, qui le lâche ou l'expulse, l'envoie dans l'espace. Aussi la vitesse absolue peut-elle mesurer un mouvement rapide, mais non moins un mouvement très lent, ou même une immobilité, comme un mouvement sur place. Problème d'une vitesse absolue de la pensée : il y a sur ce thème d'étranges déclarations d'Epicure. Ou bien Nietzsche, n'est-ce pas ce qu'il arrive à faire avec un aphorisme ? Que la pensée soit lancée comme une pierre par une machine de guerre. La vitesse absolue, c'est la vitesse des nomades, même quand ils se déplacent lentement. Les nomades sont toujours au milieu. La steppe croît par le milieu, elle est entre les grandes forêts et les grands empires. La steppe, l'herbe et les nomades sont la même chose. Les nomades n'ont ni passé ni avenir, ils ont seulement des devenirs, devenir-femme, devenir-animal, devenir-cheval : leur extraordinaire art animalier. Les nomades n'ont pas d'histoire, ils ont seulement de la géographie. Nietzsche : « Ils arrivent comme la destinée, sans cause, sans raison, sans égard, sans prétexte... » Kafka : « Impossible de comprendre comment ils ont

1. Henry Miller, *Hamlet,* éd. Corrêa, p. 49.

pénétré jusqu'à la capitale, cependant ils sont là, et chaque matin semble accroître leur nombre... » Kleist : Elles arrivent les Amazones, et les Grecs et les Troyens, les deux germes d'Etats, croient chacun qu'elles viennent en allié, mais elles passent entre les deux et, tout le long de leur passage, elles renversent les deux sur la ligne de fuite... Félix et toi, vous faites l'hypothèse que les nomades auraient inventé la machine de guerre. Ce qui implique que les Etats n'en avaient pas, et que le pouvoir d'Etat était fondé sur autre chose. Ce sera une tâche immense pour les Etats d'essayer de s'approprier la machine de guerre, en en faisant une institution militaire ou une armée, pour la retourner contre les nomades. Mais les Etats auront toujours beaucoup de difficultés avec leurs armées. Et la machine de guerre n'est pas d'abord une pièce de l'appareil d'Etat, elle n'est pas une organisation d'Etat, elle est l'organisation des nomades en tant qu'ils n'ont pas d'appareil d'Etat. Les nomades ont inventé toute une organisation numérique qui se retrouvera dans les armées (dizaines, centaines, etc.). Cette organisation originale implique des rapports avec les femmes, les végétaux, les animaux, les métaux très différents de ceux qui sont codifiés dans un Etat. Faire de la pensée une puissance nomade, ce n'est pas forcément bouger, mais c'est secouer le modèle de l'appareil d'Etat, l'idole ou l'image qui pèse sur la pensée, monstre accroupi sur elle. Donner à la pensée une vitesse absolue, une machine de guerre, une géographie, et tous ces devenirs ou ces chemins qui parcourent une steppe. Epicure, Spinoza et Nietzsche, comme penseurs nomades.

Cette question de vitesse, c'est important, très compliqué aussi. Ça ne veut pas dire être le premier à la course; il arrive qu'on soit en retard par vitesse. Ça ne veut pas dire non plus changer, il arrive qu'on soit invariable et constant par vitesse. La vitesse, c'est être pris dans un devenir, qui n'est pas un développement ou une évolution. Il faudrait être comme un taxi, ligne d'attente, ligne de fuite, embouteillage, goulot, feux verts et rouges, paranoïa légère, rapports difficiles avec la police. Etre une ligne abstraite et brisée, un zigzag qui se glisse « entre ». L'herbe est vitesse. Ce que tu appelais mal, tout à l'heure, charme ou style, c'est la vitesse. Les enfants vont vite parce qu'ils savent se glisser entre. Fanny imagine la même chose de la vieillesse : là aussi il y a un devenir-vieux qui définit les vieillesses réussies, c'est-à-dire un vieillir-vite qui s'oppose à l'impatience ordinaire des vieillards, à leur despotisme, à leur angoisse du soir (cf. la vilaine formule « la vie est trop courte... »). Vieillir vite, d'après Fanny, ce n'est pas vieillir précocement, ce serait au contraire cette patience qui permet justement de saisir toutes les vitesses qui passent. Or c'est encore la même chose pour écrire. Ecrire doit produire de la vitesse. Ça ne veut pas dire écrire rapidement. Que ce soit Céline, ou Paul Morand que Céline admirait (« il a fait jazzer la langue française »), ou Miller : d'étonnantes productions de vitesse. Et ce que Nietzsche a fait avec l'allemand, c'est cela être un étranger dans sa propre langue. C'est dans l'écriture travaillée le plus lentement qu'on atteint à cette vitesse absolue, qui n'est pas un effet, mais un produit. Vitesse de la musique, même la plus lente. Est-ce par hasard que la musique ne connaît que des lignes et pas de points? On ne peut pas faire le point en musique. Rien que des devenirs sans avenir ni passé. La musique est une anti-mémoire. Elle est pleine de devenirs, devenir-animal, devenir-enfant, devenir-moléculaire. Steve Reich veut que tout soit perçu en acte dans la musique, que le processus soit entièrement entendu : aussi cette musique est-elle la plus lente, mais à force de nous faire percevoir toutes les vitesses différentielles. Une œuvre d'art doit au moins marquer les secondes. C'est comme le plan fixe : un moyen de nous faire percevoir tout ce qu'il y a dans l'image. Vitesse absolue, qui nous fait tout percevoir en même temps, peut être le caractère de la lenteur ou même de l'immobilité. Immanence. C'est exactement le contraire du développement, où le principe transcendant qui détermine et qui structure n'apparaît jamais directement pour son compte, en relation perceptible avec un processus, avec un devenir. Quand Fred Astaire danse la valse, ce n'est pas 1,2,3, c'est infiniment plus détaillé. Le tam-tam, ce n'est pas 1,2. Quand les Noirs dansent, ce n'est pas qu'ils soient saisis d'un démon du rythme, c'est qu'ils entendent et exécutent toutes les notes, tous les temps, tous les tons, toutes les hauteurs, toutes les intensités, tous les intervalles. Ce n'est jamais 1,2, ni 1,2,3, c'est 7,10,14 ou 28 temps premiers comme dans une musique turque. Nous retrouverons cette question des vitesses et des lenteurs, comment elles se composent, et surtout comment elles procèdent à des individuations très spéciales, comment elles font des individuations sans « sujet ».

S'empêcher de faire le point, s'interdire le souvenir, ce n'est pas faciliter l'entretien. Mais il y a une autre difficulté. Félix et toi (Félix est plus rapide que toi), vous ne cessez pas de dénoncer les dualismes, vous dites que les machines binaires sont des appareils de pouvoir pour casser les devenirs : tu es homme ou femme, blanc ou noir, penseur ou vivant, bourgeois ou prolétaire? Mais qu'est-ce que vous faites, sinon proposer d'autres dualismes? Des actes de pensée sans image, contre l'image de la pensée; le rhizome ou l'herbe, contre les arbres; la machine de guerre, contre l'appareil d'Etat; les multiplicités complexes, contre les unifications ou totalisations, la force d'oubli contre la mémoire; la géographie contre l'histoire; la ligne contre le point, etc. Peut-être faut-il dire d'abord que le langage est profondément travaillé par les dualismes, les dichotomies, les divisions par 2, les calculs binaires : masculin-féminin, singulier-pluriel, syntagme nominal-syntagme verbal. La linguistique ne trouve dans le langage que ce qui y est déjà : le système arborescent de la hiérarchie et du commandement. Le JE, le TU, le IL, c'est profondément du langage. Il faut parler comme tout le monde, il faut passer par les dualismes, 1-2, ou même 1-2-3. Il ne faut pas dire que le langage déforme une réalité préexistante ou d'une autre nature. Le langage est premier, il a inventé le dualisme. Mais le culte du langage, l'érection du langage, la linguistique elle-même est pire que la vieille ontologie, dont elle a pris le relais. Nous devons passer par les dualismes parce qu'ils sont dans le langage, pas question de s'en passer, mais il faut lutter contre le langage, inventer le bégaiement, pas pour rejoindre une pseudo-réalité pré-linguistique, mais pour tracer une ligne vocale ou écrite qui fera couler le langage entre ces dualismes, et qui définira un usage minoritaire de la langue, une variation inhérente, comme dit Labov.

En second lieu, il est probable qu'une multiplicité ne se définit pas par le nombre de ses termes. On peut toujours ajouter un 3ᵉ à 2, un 4ᵉ à 3, etc., on ne sort pas par là du dualisme, puisque les éléments d'un ensemble quelconque peuvent être rapportés à une succession de choix eux-mêmes binaires. Ce ne sont ni les éléments ni les ensembles qui définissent la multiplicité. Ce qui la définit, c'est le ET, comme quelque chose qui a lieu *entre* les éléments ou entre les ensembles. ET, ET, ET, le bégaiement. Et même s'il n'y a que deux termes, il y a un ET entre les deux, qui n'est ni l'un ni l'autre, ni l'un qui devient l'autre, mais qui constitue précisément la multiplicité. C'est pourquoi il est toujours possible de défaire les dualismes du dedans, en traçant la ligne de fuite qui passe entre les deux termes ou les deux ensembles, l'étroit ruisseau qui n'appartient ni à l'un ni à l'autre, mais les entraîne tous deux dans une évolution non parallèle, dans un devenir hétérochrone. Au moins ce n'est pas de la dialectique. Alors nous pourrions procéder ainsi : chaque chapitre resterait divisé en deux, il n'y aurait plus aucune raison de signer chaque partie, puisque c'est entre les deux parties anonymes que se ferait l'entretien, et que surgiraient ET Félix, ET Fanny, ET toi, ET tous ceux dont nous parlons, ET moi, comme autant d'images déformées dans une eau courante.

C. P.

CHAPITRE II

DE LA SUPÉRIORITÉ
DE LA LITTÉRATURE
ANGLAISE-AMÉRICAINE

PREMIERE PARTIE

Partir, s'évader, c'est tracer une ligne. L'objet le plus haut de la littérature, suivant Lawrence : « Partir, partir, s'évader... traverser l'horizon, pénétrer dans une autre vie... C'est ainsi que Melville se retrouve au milieu du Pacifique, il a vraiment passé la ligne d'horizon. » La ligne de fuite est une *déterritorialisation*. Les Français ne savent pas bien ce que c'est. Evidemment, ils fuient comme tout le monde, mais ils pensent que fuir, c'est sortir du monde, mystique ou art, ou bien que c'est quelque chose de lâche, parce qu'on échappe aux engagements et aux responsabilités. Fuir, ce n'est pas du tout renoncer aux actions, rien de plus actif qu'une fuite. C'est le contraire de l'imaginaire. C'est aussi bien faire fuir, pas forcément les autres, mais faire fuir quelque chose, faire fuir un système comme on crève un tuyau. George Jackson écrit de sa prison : « Il se peut que je fuie, mais tout au long de ma fuite je cherche une arme. » Et Lawrence encore : « Je dis que les vieilles armes pourrissent, faites-en de nouvelles et tirez juste. » Fuir, c'est tracer une ligne, des lignes, toute une cartographie. On ne découvre des mondes que par une longue fuite brisée. La littérature anglaise-américaine ne cesse de présenter ces ruptures, ces personnages qui créent leur ligne de fuite, qui créent par ligne de fuite. Thomas Hardy, Melville, Stevenson, Virginia Woolf, Thomas Wolfe,

Lawrence, Fitzgerald, Miller, Kérouac. Tout y est départ, devenir, passage, saut, démon, rapport avec le dehors. Ils créent une nouvelle Terre, mais il se peut précisément que le mouvement de la terre soit la déterritorialisation même. La littérature américaine opère d'après des lignes géographiques : la fuite vers l'Ouest, la découverte que le véritable Est est à l'Ouest, le sens des frontières comme quelque chose à franchir, à repousser, à dépasser [1]. Le devenir est géographique. On n'a pas l'équivalent en France. Les Français sont trop humains, trop historiques, trop soucieux d'avenir et de passé. Ils passent leur temps à faire le point. Ils ne savent pas devenir, ils pensent en termes de passé et d'avenir historiques. Même quant à la révolution, ils pensent à un « avenir de la révolution » plutôt qu'à un devenir-révolutionnaire. Ils ne savent pas tracer de lignes, suivre un canal. Ils ne savent pas percer, limer le mur. Ils aiment trop les racines, les arbres, le cadastre, les points d'arborescence, les propriétés. Voyez le structuralisme : c'est un système de points et de positions, qui opère par grandes coupures dites signifiantes, au lieu de procéder par poussées et craquements, et qui colmate les lignes de fuite, au lieu de les suivre, de les tracer, de les prolonger dans un champ social.

Est-ce dans Michelet, la belle page où les rois de France s'opposent aux rois d'Angleterre : les uns avec leur politique de terre, d'héritages, de mariages, de procès, de ruses et de tricheries; les autres avec leur mouvement de déterritorialisation, leurs errances et leurs répudiations, leurs trahisons comme un train d'enfer qui passe? Ils déchaînent avec eux les flux du capitalisme, mais les Français inventent l'appareil de pouvoir bourgeois capable de les bloquer, de les comptabiliser.

Fuir n'est pas exactement voyager, ni même bouger. D'abord parce qu'il y a des voyages à la française, trop historiques, culturels et organisés, où l'on se contente de transporter son « moi ». Ensuite parce que les fuites

[1]. Cf. toute l'analyse de Leslie Fiedler, *Le Retour du Peau-Rouge,* éd. du Seuil.

peuvent se faire sur place, en voyage immobile. Toynbee montre que les nomades, au sens strict, au sens géographique, ne sont pas des migrants ni des voyageurs, mais au contraire ceux qui ne bougent pas, ceux qui s'accrochent à la steppe, immobiles à grands pas, suivant une ligne de fuite sur place, eux, les plus grands inventeurs d'armes nouvelles [1]. Mais l'histoire n'a jamais rien compris aux nomades, qui n'ont ni passé ni avenir. Les cartes sont des cartes d'intensités, la géographie n'est pas moins mentale et corporelle que physique en mouvement. Quand Lawrence s'en prend à Melville, il lui reproche d'avoir trop pris le voyage au sérieux. Il arrive que le voyage soit un retour chez les sauvages, mais un tel retour est une régression. Il y a toujours une manière de se re-territorialiser dans le voyage, c'est toujours son père et sa mère (ou pire) qu'on retrouve en voyage. « Revenir aux sauvages rendit Melville tout à fait malade... Aussitôt parti, le voilà qui recommence à soupirer, à regretter le Paradis, Foyer et Mère se trouvant à l'autre extrémité d'une chasse à la baleine [2]. » Fitzgerald dit encore mieux : « J'en vins à l'idée que ceux qui avaient survécu avaient accompli une vraie rupture. Rupture veut beaucoup dire et n'a rien à voir avec rupture de chaîne où l'on est généralement destiné à trouver une autre chaîne ou à reprendre l'ancienne. La célèbre Evasion est une excursion dans un piège même si le piège comprend les mers du Sud, qui ne sont faites que pour ceux qui veulent y naviguer ou les peindre. Une vraie rupture est quelque chose sur quoi on ne peut pas revenir, qui est irrémissible parce qu'elle fait que le passé cesse d'exister [3]. »

Mais même quand on distingue la fuite et le voyage, la fuite reste encore une opération ambiguë. Qu'est-ce qui nous dit que, sur une ligne de fuite, nous n'allons pas retrouver tout ce que nous fuyons ? Fuyant l'éternel

1. Toynbee, *L'Histoire,* éd. Gallimard, p. 185 sq.
2. Lawrence, *Etudes sur la littérature classique américaine,* éd. du Seuil, p. 174.
3. Fitzgerald, *La Fêlure,* éd. Gallimard, p. 354.

père-mère, n'allons-nous pas retrouver toutes les formations œdipiennes sur la ligne de fuite? Fuyant le fascisme, nous retrouvons des concrétions fascistes sur la ligne de fuite. Fuyant tout, comment ne pas reconstituer et notre pays natal, et nos formations de pouvoir, nos alcools, nos psychanalyses et nos papas-mamans? Comment faire pour que la ligne de fuite ne se confonde pas avec un pur et simple mouvement d'autodestruction, alcoolisme de Fitzgerald, découragement de Lawrence, suicide de Virginia Woolf, triste fin de Kérouac. La littérature anglaise et américaine est bien traversée d'un sombre processus de démolition, qui emporte l'écrivain. Une mort heureuse? Mais c'est justement ça qu'on ne peut apprendre que sur la ligne, en même temps qu'on la trace : les dangers qu'on y court, la patience et les précautions qu'il faut y mettre, les rectifications qu'il faut faire tout le temps, pour la dégager des sables et des trous noirs. On ne peut pas prévoir. Une vraie rupture peut s'étaler dans le temps, elle est autre chose qu'une coupure trop signifiante, elle doit sans cesse être protégée non seulement contre ses faux semblants, mais aussi contre elle-même, et contre les re-territorialisations qui la guettent. C'est pourquoi d'un écrivain à l'autre, elle saute comme ce qui doit être recommencé. Les Anglais, les Américains n'ont pas la même manière de recommencer que les Français. Le recommencement français, c'est la table rase, la recherche d'une première certitude comme d'un point d'origine, toujours le point ferme. L'autre manière de recommencer, au contraire, c'est reprendre la ligne interrompue, ajouter un segment à la ligne brisée, la faire passer entre deux rochers, dans un étroit défilé, ou par-dessus le vide, là où elle s'était arrêtée. Ce n'est jamais le début ni la fin qui sont intéressants, le début et la fin sont des points. L'intéressant, c'est le milieu. Le zéro anglais est toujours au milieu. Les étranglements sont toujours au milieu. On est au milieu d'une ligne, et c'est la situation la plus inconfortable. On recommence par le milieu. Les Français pensent trop en termes d'arbre : l'arbre du savoir, les points d'arborescence, l'alpha et l'oméga, les racines et le sommet. C'est le contraire de l'herbe. Non seulement l'herbe pousse au milieu des choses, mais elle pousse elle-même par le milieu. C'est le problème anglais, ou américain. L'herbe a sa ligne de fuite, et pas d'enracinement. On a de l'herbe dans la tête, et pas un arbre : ce que signifie penser, ce qu'est le cerveau, « un certain nervous system », de l'herbe [1].

Cas exemplaire de Thomas Hardy : les personnages chez lui ne sont pas des personnes ou des sujets, ce sont des collections de sensations intensives, chacun est une telle collection, un paquet, un bloc de sensations variables. Il y a un curieux respect de l'individu, un respect extraordinaire : non pas parce qu'il se saisirait lui-même comme une personne, et serait reconnu comme une personne, à la française, mais au contraire, justement, parce qu'il se vit et parce qu'il vit les autres comme autant de « chances uniques » — *la chance unique que telle ou telle combinaison ait été tirée*. Individuation sans sujet. Et ces paquets de sensations à vif, ces collections ou combinaisons, filent sur des lignes de chance, ou de malchance, là où se font leurs rencontres, au besoin leurs mauvaises rencontres qui vont jusqu'à la mort, jusqu'au meurtre. Hardy invoque une sorte de destin grec pour ce monde expérimental empiriste. Des paquets de sensations, individus, filent sur la lande comme ligne de fuite, ou ligne de déterritorialisation de la terre.

Une fuite est une espèce de délire. Délirer, c'est exactement sortir du sillon (comme « déconner », etc.). Il y a quelque chose de démoniaque, ou de démonique, dans une ligne de fuite. Les démons se distinguent des dieux, parce que les dieux ont des attributs, des propriétés et des fonctions fixes, des territoires et des codes : ils ont affaire aux sillons, aux bornes et aux cadastres. Le propre des démons, c'est de sauter les intervalles, et d'un intervalle à l'autre. « Quel démon a sauté du plus long

1. Cf. Steven Rose, *Le Cerveau conscient*, éd. du Seuil.

saut ? », demande Œdipe. Il y a toujours de la trahison dans une ligne de fuite. Pas tricher à la manière d'un homme d'ordre qui ménage son avenir, mais trahir à la façon d'un homme simple qui n'a plus de passé ni de futur. On trahit les puissances fixes qui veulent nous retenir, les puissances établies de la terre. Le mouvement de la trahison a été défini par le double détournement : l'homme détourne son visage de Dieu, qui ne détourne pas moins son visage de l'homme. C'est dans ce double détournement, dans l'écart des visages, que se trace la ligne de fuite, c'est-à-dire la déterritorialisation de l'homme. La trahison, c'est comme le vol, elle est toujours double. On a fait d'Œdipe à Colone, avec sa longue errance, le cas exemplaire du double détournement. Mais Œdipe est la seule tragédie sémite des Grecs. Dieu qui se détourne de l'homme, qui se détourne de Dieu, c'est d'abord le sujet de l'Ancien Testament. C'est l'histoire de Caïn, la ligne de fuite de Caïn. C'est l'histoire de Jonas : le prophète se reconnaît à ceci, qu'il prend la direction opposée à celle que Dieu lui ordonne, et par là réalise le commandement de Dieu mieux que s'il avait obéi. Traître, il a pris le mal sur soi. L'Ancien Testament ne cesse d'être parcouru par ces lignes de fuite, ligne de séparation de la terre et des eaux. « Que les éléments cessent de s'étreindre et se tournent le dos. Que l'homme de la mer se détourne de sa femme humaine et de ses enfants... Traverse les mers, traverse les mers, conseille le cœur. Délaisse l'amour et le foyer[1]. » Dans les « grandes découvertes », les grandes expéditions, il n'y a pas seulement incertitude de ce qu'on va découvrir, et conquête d'un inconnu, mais l'invention d'une ligne de fuite, et la puissance de la trahison : être le seul traître, et traître à tous — Aguirre ou la colère de Dieu. Christophe Colomb, tel que le décrit Jacques Besse dans un conte extraordinaire, y compris le devenir-femme de

1. Lawrence, *Etudes sur la littérature classique américaine*, éd. du Seuil, p. 166. Et sur le double détournement, cf. les *Remarques sur Œdipe*, de Hölderlin, avec les commentaires de Jean Beaufret, éd. 10/18. Et le livre de Jérôme Lindon sur *Jonas*, éd. de Minuit.

Colomb [1]. Le vol créateur du traître, contre les plagiats du tricheur.

L'Ancien Testament n'est pas une épopée ni une tragédie, c'est le premier roman, et c'est ainsi que les Anglais le comprennent, comme fondation du roman. Le traître est le personnage essentiel du roman, le héros. Traître au monde des significations dominantes et de l'ordre établi. C'est très différent du tricheur : le tricheur, lui, prétend s'emparer de propriétés fixes, ou conquérir un territoire, ou même instaurer un nouvel ordre. Le tricheur a beaucoup d'avenir, mais pas du tout de devenir. Le prêtre, le devin, est un tricheur, mais l'expérimentateur un traître. L'homme d'Etat, ou l'homme de cour, est un tricheur, mais l'homme de guerre (pas maréchal ou général) un traître. Le roman français présente beaucoup de tricheurs, et nos romanciers sont souvent eux-mêmes des tricheurs. Ils n'ont pas de rapport spécial avec l'Ancien Testament. Shakespeare a mis en scène beaucoup de rois tricheurs, qui accédaient au pouvoir par tricherie, et qui se révélaient en fin de compte de bons rois. Mais quand il rencontre Richard III, il s'élève à la plus romanesque des tragédies. Car Richard III ne veut pas simplement le pouvoir, il veut la trahison. Il ne veut pas la conquête de l'Etat, mais l'agencement d'une machine de guerre : comment être le seul traître, et tout trahir en même temps ? Le dialogue avec lady Anne, que des commentateurs ont jugé « peu vraisemblable et outré », montre les deux visages qui se détournent, et Anne qui pressent, déjà consentante et fascinée, la ligne tortueuse que Richard est en train de tracer. Et rien ne révèle mieux la trahison que le *choix d'objet*. Non pas parce que c'est un choix d'objet, mauvaise notion, mais parce que c'est un devenir, c'est l'élément démonique par excellence. Dans son choix d'Anne, il y a un devenir-femme de Richard III. De quoi le capitaine Achab est-il coupable, dans Melville ? D'avoir choisi Moby Dick, la baleine

1. Jacques Besse, *La grande Pâque,* éd. Belfond.

blanche, au lieu d'obéir à la loi de groupe des pêcheurs, qui veut que toute baleine soit bonne à chasser. C'est ça l'élément démoniaque d'Achab, sa trahison, son rapport avec Léviathan, ce choix d'objet qui l'engage lui-même dans un devenir-baleine. Le même thème apparaît dans la *Penthésilée* de Kleist : le péché de Penthésilée, avoir choisi Achille, tandis que la loi des Amazones ordonne de ne pas choisir l'ennemi; l'élément démoniaque de Penthésilée l'entraîne dans un devenir-chienne (Kleist faisait horreur aux Allemands, ils ne le reconnaissaient pas comme Allemand : à grandes randonnées sur son cheval, Kleist fait partie de ces auteurs qui, malgré l'ordre allemand, surent tracer une ligne de fuite éclatante à travers les forêts et les Etats. De même Lenz ou Büchner, tous les Anti-Goethe). Il faudrait définir une fonction spéciale, qui ne se confond ni avec la santé ni avec la maladie : la fonction de l'*Anomal*. L'Anomal est toujours à la frontière, sur la bordure d'une bande ou d'une multiplicité; il en fait partie, mais la fait déjà passer dans une autre multiplicité, il la fait devenir, il trace une ligne-entre. C'est aussi l'« outsider » : Moby Dick, ou bien la Chose, l'Entité de Lovecraft, terreur.

Il se peut qu'écrire soit dans un rapport essentiel avec les lignes de fuite. Ecrire, c'est tracer des lignes de fuite, qui ne sont pas imaginaires, et qu'on est bien forcé de suivre, parce que l'écriture nous y engage, nous y embarque en réalité. Ecrire, c'est devenir, mais ce n'est pas du tout devenir écrivain. C'est devenir autre chose. Un écrivain de profession peut se juger d'après son passé ou d'après son avenir, d'après son avenir personnel ou d'après la postérité (« je serai compris dans deux ans, dans cent ans », etc.). Tout autres sont les devenirs contenus dans l'écriture quand elle n'épouse pas des mots d'ordre établis, mais trace elle-même des lignes de fuite. On dirait que l'écriture par elle-même, quand elle n'est pas officielle, rejoint forcément des « minorités », qui n'écrivent pas forcément pour leur compte, sur lesquelles non plus on n'écrit pas, au sens où on les prendrait pour objet, mais en revanche dans lesquelles on est pris, bon gré mal gré, du fait qu'on écrit. Une minorité n'existe jamais toute faite, elle ne se constitue que sur des lignes de fuite qui sont aussi bien sa manière d'avancer et d'attaquer. Il y a un devenir-femme dans l'écriture. Il ne s'agit pas d'écrire « comme » une femme. Mme Bovary, « c'est » moi — c'est une phrase de tricheur hystérique. Même les femmes ne réussissent pas toujours quand elles s'efforcent d'écrire comme des femmes, en fonction d'un avenir de la femme. Femme n'est pas nécessairement l'écrivain, mais le devenir-minoritaire de son écriture, qu'il soit homme ou femme. Virginia Woolf s'interdisait de « parler comme une femme » : elle captait d'autant plus le devenir-femme de l'écriture. Lawrence et Miller passent pour de grands phallocrates; pourtant l'écriture les a entraînés dans un devenir-femme irrésistible. L'Angleterre n'a produit tant de romancières que par ce devenir, où les femmes ont autant d'effort à faire que les hommes. Il y a des devenirs-nègre dans l'écriture, des devenirs-indien, qui ne consistent pas à parler peau-rouge ou petit nègre. Il y a des devenirs-animaux dans l'écriture, qui ne consistent pas à imiter l'animal, à « faire » l'animal, pas plus que la musique de Mozart n'imite les oiseaux, bien qu'elle soit pénétrée d'un devenir-oiseau. Le capitaine Achab a un devenir-baleine qui n'est pas d'imitation. Lawrence et le devenir-tortue, dans ses admirables poèmes. Il y a des devenirs-animaux dans l'écriture, qui ne consistent pas à parler de son chien ou de son chat. C'est plutôt une *rencontre* entre deux règnes, un court-circuitage, une capture de code où chacun se déterritorialise. *En écrivant on donne toujours de l'écriture à ceux qui n'en ont pas, mais ceux-ci donnent à l'écriture un devenir sans lequel elle ne serait pas,* sans lequel elle serait pure redondance au service des puissances établies. Que l'écrivain soit minoritaire ne signifie pas qu'il y a moins de gens qui écrivent qu'il n'y a de lecteurs; ce ne serait même plus vrai aujourd'hui : cela signifie que l'écriture rencontre toujours une minorité qui n'écrit pas, et elle ne se charge pas d'écrire *pour* cette minorité, à sa place ni à son propos, mais il y a rencontre où chacun pousse l'autre, l'entraîne dans sa ligne de fuite, dans une déterritorialisation conjuguée. L'écriture se conjugue toujours avec autre chose qui est son propre devenir. Il n'existe pas d'agencement fonctionnant sur un seul flux. Ce n'est pas affaire d'imitation, mais de conjonction. L'écrivain est pénétré du plus profond, d'un devenir-non-écrivain. Hofmannsthal (qui se donne alors un pseudonyme anglais) ne peut plus écrire quand il voit l'agonie d'une meute de rats, parce qu'il sent que c'est en lui que l'âme de l'animal montre les dents. Un beau film anglais, *Willard,* présentait l'irrésistible devenir-rat du héros, qui se raccrochait pourtant à chaque occasion d'humanité, mais se trouvait entraîné dans cette conjugaison fatale. Tant de silences et tant de suicides d'écrivains doivent s'expliquer par ces noces contre nature, ces participations contre nature. Etre traître à son propre règne, être traître à son sexe, à sa classe, à sa majorité — quelle autre raison d'écrire? Et être traître à l'écriture.

Il y a beaucoup de gens qui rêvent d'être traîtres. Ils y croient, ils croient y être. Ce ne sont pourtant que de petits tricheurs. Le cas pathétique de Maurice Sachs, dans la littérature française. Quel tricheur ne s'est dit : ah enfin, je suis un vrai traître! Mais quel traître aussi ne se dit le soir : après tout je n'étais qu'un tricheur. C'est que traître, c'est difficile, c'est créer. Il faut y perdre son identité, son visage. Il faut disparaître, devenir inconnu.

La fin, la finalité d'écrire? Bien au-delà encore d'un devenir-femme, d'un devenir-nègre, animal, etc., au-delà d'un devenir-minoritaire, il y a l'entreprise finale de devenir-imperceptible. Oh non, un écrivain ne peut pas souhaiter être « connu », reconnu. L'imperceptible, caractère commun de la plus grande vitesse et de la plus grande lenteur. Perdre le visage, franchir ou percer le mur, le limer très patiemment, écrire n'a pas d'autre fin. C'est ce que Fitzgerald appelait vraie rupture : la ligne de fuite, non pas le voyage dans les mers du Sud, mais l'acquisition d'une clandestinité (même si l'on doit devenir animal, devenir nègre ou femme). Etre enfin inconnu, comme peu de gens le sont, c'est cela, trahir. C'est très difficile de ne plus être connu du tout, même de sa concierge, ou dans son quartier, le chanteur sans nom, la ritournelle. A la fin de *Tendre est la nuit,* le héros se dissipe littéralement, géographiquement. Le texte si beau de Fitzgerald, *The crack up,* dit : « Je me sentais pareil aux hommes que je voyais dans les trains de banlieue de Great Neck quinze ans plus tôt... » Il y a tout un système social qu'on pourrait appeler système mur blanc — trou noir. Nous sommes toujours épinglés sur le mur des significations dominantes, nous sommes toujours enfoncés dans le trou de notre subjectivité, le trou noir de notre Moi qui nous est cher plus que tout. Mur où s'inscrivent toutes les déterminations objectives qui nous fixent, nous quadrillent, nous identifient et nous font reconnaître; trou où nous nous logeons, avec notre conscience, nos sentiments, nos passions, nos petits secrets trop connus, notre envie de les faire connaître. Même si le visage est un produit de ce système, c'est une production sociale : large visage aux joues blanches, avec le trou noir des yeux. Nos sociétés ont besoin de produire du visage. Le Christ a inventé le visage. Le problème de Miller (déjà celui de Lawrence) : comment défaire le visage, en libérant en nous les têtes chercheuses qui tracent des lignes de devenir? Comment passer le mur, en évitant de rebondir sur lui, en arrière, ou d'être écrasés? Comment sortir du trou noir, au lieu de tournoyer au fond, quelles particules faire sortir du trou noir? Comment briser même notre amour pour devenir enfin capable d'aimer? Comment devenir imperceptible? « Je ne regarde plus dans les yeux de la femme que je tiens dans mes bras, mais je les traverse à la nage, tête, bras et jambes en entier, et je vois que derrière les orbites de ces yeux s'étend un monde inexploré, monde des choses futures, et de ce monde toute logique est absente... L'œil, libéré du soi, ne révèle ni n'illumine plus, il court le long de la ligne d'horizon, voyageur éternel et privé d'informations... J'ai brisé le mur que crée la naissance, et le tracé de mon voyage est courbe et fermé, sans rupture... Mon corps entier doit devenir rayon perpétuel de lumière toujours plus grande... Je scelle donc mes oreilles, mes yeux, mes lèvres. Avant de redevenir tout à fait homme, il est probable que j'existerai en tant que parc [1]... »

Là nous n'avons plus de secret, nous n'avons plus rien à cacher. C'est nous qui sommes devenus un secret, c'est nous qui sommes cachés, bien que tout ce que nous faisons, nous le fassions au grand jour et dans la lumière crue. C'est le contraire du romantisme du « maudit ». Nous nous sommes peints aux couleurs du monde. Lawrence dénonçait ce qui lui semblait traverser toute la littérature française : la manie du « sale petit secret ». Les personnages et les auteurs ont toujours un petit secret, qui nourrit la manie d'interpréter. Il faut toujours que quelque chose nous rappelle autre chose, nous fasse penser à autre chose. Nous avons retenu d'Œdipe le sale petit secret, et non pas Œdipe à Colone, sur sa ligne de fuite, devenu imperceptible, identique au grand secret vivant. Le grand secret, c'est quand on n'a plus rien à cacher, et que personne alors ne peut vous saisir. Secret partout, rien à dire. Depuis qu'on a inventé le « signifiant », les choses ne se sont pas arrangées. Au lieu qu'on interprète le langage, c'est lui qui s'est mis à nous interpréter, et à s'interpréter lui-même. Signifiance et interprétose sont les deux maladies de la terre, le couple du despote et du prêtre. Le signifiant, c'est toujours le petit secret qui n'a jamais cessé de tourner autour de papa-maman. Nous nous faisons chanter nous-mêmes, nous faisons les mystérieux, les discrets, nous avançons avec l'air « voyez sous quel secret je ploie ». L'écharde dans la chair. Le petit secret se ramène généralement à une triste masturbation narcissique et pieuse : le fantasme! La « transgression », trop bon concept pour les séminaristes sous la loi d'un pape ou d'un curé, les tricheurs.

1. Henry Miller, *Tropique du Capricorne,* éd. du Chêne, p. 177.

Georges Bataille est un auteur très français : il a fait du petit secret l'essence de la littérature, avec une mère dedans, un prêtre dessous, un œil au-dessus. On ne dira pas assez le mal que le fantasme a fait à l'écriture (il a même envahi le cinéma), en nourrissant le signifiant et l'interprétation l'un de l'autre, l'un avec l'autre. « Le monde des fantasmes est un monde du passé », un théâtre de ressentiment et de culpabilité. On voit bien des gens défiler aujourd'hui en criant : Vive la castration, car c'est le lieu, l'Origine et la Fin du désir! On oublie ce qu'il y a au milieu. On invente toujours de nouvelles races de prêtres pour le sale petit secret, qui n'a d'autre objet que de se faire reconnaître, nous remettre dans un trou bien noir, nous faire rebondir sur le mur bien blanc.

Ton secret, on le voit toujours sur ton visage et dans ton œil. Perds le visage. Deviens capable d'aimer sans souvenir, sans fantasme et sans interprétation, sans faire le point. Qu'il y ait seulement des flux, qui tantôt tarissent, se glacent ou débordent, tantôt se conjuguent ou s'écartent. Un homme et une femme sont des flux. Tous les devenirs qu'il y a dans faire l'amour, tous les sexes, les n sexes en un seul ou dans deux, et qui n'ont rien à voir avec la castration. Sur les lignes de fuite, il ne peut plus y avoir qu'une chose, l'expérimentation-vie. On ne sait jamais d'avance, parce qu'on n'a pas plus d'avenir que de passé. « Moi, voilà comme je suis », c'est fini tout ça. Il n'y a plus de fantasme, mais seulement des programmes de vie, toujours modifiés à mesure qu'ils se font, trahis à mesure qu'ils se creusent, comme des rives qui défilent ou des canaux qui se distribuent pour que coule un flux. Il n'y a plus que des explorations où l'on trouve toujours à l'ouest ce qu'on pensait être à l'est, organes inversés. Chaque ligne où quelqu'un se déchaîne est une ligne de pudeur, par opposition à la cochonnerie laborieuse, ponctuelle, enchaînée d'écrivains français. Il n'y a plus l'infini compte rendu des interprétations toujours un peu sales, mais des procès finis d'expérimentation, des protocoles d'expérience. Kleist et Kafka passaient leur temps à faire des programmes de vie : les programmes ne sont pas des manifestes, encore moins des fantasmes, mais *des moyens de repérage pour conduire une expérimentation qui déborde nos capacités de prévoir* (de même ce qu'on appelle la musique à programme). La force des livres de Castaneda dans son expérimentation programmée de la drogue, c'est que chaque fois les interprétations sont défaites, et le fameux signifiant, éliminé. Non, le chien que j'ai vu, avec lequel j'ai couru sous effet de la drogue, ce n'est pas ma putain de mère... C'est un procès de devenir-animal qui ne veut rien dire que ce qu'il devient, et me fait devenir avec lui. S'y enchaîneront d'autres devenirs, des devenirs-moléculaires où l'air, le son, l'eau sont saisis dans leurs particules en même temps que leurs flux se conjuguent avec le mien. Tout un monde de micro-perceptions qui nous mènent à l'imperceptible. Expérimentez, n'interprétez jamais. Programmez, ne fantasmez jamais. Henry James, un de ceux qui ont le plus pénétré dans le devenir-femme de l'écriture, invente une héroïne postière, prise dans un flux télégraphique qu'elle commence par dominer grâce à son « art prodigieux de l'interprétation » (évaluer les expéditeurs, télégrammes anonymes ou chiffrés). Mais de fragment en fragment, se construit une expérimentation vivante où l'interprétation se met à fondre, où il n'y a plus de perception ni de savoir, de secret ni de divination : « Elle avait fini par en savoir tant qu'elle ne pouvait plus interpréter, il n'y avait plus d'obscurités qui lui fissent voir clair... *il ne restait qu'une lumière crue.* » La littérature anglaise ou américaine est un processus d'expérimentation. Ils ont tué l'interprétation.

La grande erreur, la seule erreur, serait de croire qu'une ligne de fuite consiste à fuir la vie; la fuite dans l'imaginaire, ou dans l'art. Mais fuir au contraire, c'est produire du réel, créer de la vie, trouver une arme. En général, c'est dans un même faux mouvement que la vie est réduite à quelque chose de personnel et que l'œuvre est censée trouver sa fin en elle-même, soit comme œuvre totale, soit comme œuvre en train de se faire, et qui renvoie toujours à une écriture de l'écriture. C'est pourquoi la littérature française abonde en manifestes, en idéologies, en théories de l'écriture, en même temps qu'en querelles de personnes, en mises au point de mises au point, en complaisances névrotiques, en tribunaux narcissiques. Les écrivains ont leur bauge personnelle dans la vie, en même temps que leur terre, leur patrie, d'autant plus spirituelle dans l'œuvre à faire. Ils sont contents de puer personnellement, puisque ce qu'ils écrivent est d'autant plus sublime et signifiant. La littérature française est souvent l'éloge le plus éhonté de la névrose. L'œuvre sera d'autant plus signifiante qu'elle renverra au clin d'œil et au petit secret dans la vie, et inversement. Il faut entendre les critiques qualifiés parler des échecs de Kleist, des impuissances de Lawrence, des puérilités de Kafka, des petites filles de Carroll. C'est ignoble. C'est toujours dans les meilleures intentions du monde : l'œuvre paraîtra d'autant plus grande qu'on rendra la vie plus minable. On ne risque pas ainsi de voir la puissance de vie qui traverse une œuvre. On a tout écrasé d'avance. C'est le même ressentiment, le même goût de la castration, qui anime le grand Signifiant comme finalité proposée de l'œuvre, et le petit Signifié imaginaire, le fantasme, comme expédient suggéré de la vie. Lawrence reprochait à la littérature française d'être incurablement intellectuelle, idéologique et idéaliste, essentiellement critique, critique de la vie plutôt que créatrice de vie. Le nationalisme français dans les lettres : une terrible manie de juger et d'être jugé traverse cette littérature : il y a trop d'hystériques parmi ces écrivains et leurs personnages. Haïr, vouloir être aimé, mais une grande impuissance à aimer et à admirer. En vérité *écrire n'a pas sa fin en soi-même, précisément parce que la vie n'est pas quelque chose de personnel*. Ou plutôt le but de l'écriture, c'est de porter la vie à l'état d'une puissance non personnelle. Elle abdique par là tout territoire, toute fin qui résiderait en elle-même. Pourquoi écrit-on? C'est qu'il ne s'agit pas d'écriture. Il se peut que l'écrivain ait une santé fragile, une constitution faible. Il n'en est pas moins le contraire du névrosé : une sorte de grand Vivant (à la manière de Spinoza, de Nietzsche ou de Lawrence), pour autant qu'il est seulement trop faible pour la vie qui le traverse ou les affects qui passent en lui. Ecrire n'a pas d'autre fonction : être un flux qui se conjugue avec d'autres flux — tous les devenirs-minoritaires du monde. Un flux, c'est quelque chose d'intensif, d'instantané et de mutant, entre une création et une destruction. C'est seulement quand un flux est déterritorialisé qu'il arrive à faire sa conjonction avec d'autres flux, qui le déterritorialisent à leur tour et inversement. Dans un devenir-animal, se conjuguent un homme et un animal dont aucun ne ressemble à l'autre, dont aucun n'imite l'autre, chacun déterritorialisant l'autre, et poussant plus loin la ligne. Système de relais et de mutations par le milieu. La ligne de fuite est créatrice de ces devenirs. Les lignes de fuite n'ont pas de territoire. L'écriture opère la conjonction, la transmutation des flux, par quoi la vie échappe au ressentiment des personnes, des sociétés et des règnes. Les phrases de Kérouac sont aussi sobres qu'un dessin japonais, pure ligne tracée par une main sans support, et qui traverse les âges et les règnes. Il fallait un vrai alcoolique pour atteindre à cette sobriété-là. Ou la phrase-lande, la ligne-lande de Thomas Hardy : ce n'est pas que la lande soit le sujet ou la matière du roman, mais un flux d'écriture moderne se conjugue avec un flux de lande immémoriale. Un devenir-lande; ou bien le devenir-herbe de Miller, ce qu'il appelle son devenir-Chine. Virginia Woolf et son don de passer d'un âge à un autre, d'un règne à un autre, d'un élément à un autre : fallait-il l'anorexie de Virginia Woolf? On n'écrit que par amour, toute écriture est une lettre d'amour : la Reel-littérature. On ne devrait mourir que par amour, et non d'une mort tragique. On ne devrait écrire que par cette mort, ou cesser d'écrire que par cet amour, ou continuer à écrire, les deux à la fois. Nous ne connaissons pas de livre d'amour plus important, plus insinuant, plus grandiose que les *Souterrains* de Kérouac. Il ne demande pas « qu'est-ce qu'écrire ? », parce qu'il en a toute la nécessité, l'impossibilité d'un autre choix qui fait l'écriture même, à condition que l'écriture à son tour soit déjà pour lui un autre devenir, ou vienne d'un autre devenir. L'écriture, moyen pour une vie plus que personnelle, au lieu que la vie soit un pauvre secret pour une écriture qui n'aurait d'autre fin qu'elle-même. Ah, la misère de l'imaginaire et du symbolique, le réel étant toujours remis à demain.

DEUXIEME PARTIE

L'unité réelle minima, ce n'est pas le mot, ni l'idée ou le concept, ni le signifiant, mais l'*agencement*. C'est toujours un agencement qui produit les énoncés. Les énoncés n'ont pas pour cause un sujet qui agirait comme sujet d'énonciation, pas plus qu'ils ne se rapportent à des sujets comme sujets d'énoncé. L'énoncé est le produit d'un agencement, toujours collectif, qui met en jeu, en nous et hors de nous, des populations, des multiplicités, des territoires, des devenirs, des affects, des événements. Le nom propre ne désigne pas un sujet, mais quelque chose qui se passe, au moins entre deux termes qui ne sont pas des sujets, mais des agents, des éléments. Les noms propres ne sont pas des noms de personne, mais de peuples et de tribus, de faunes et de flores, d'opérations militaires ou de typhons, de collectifs, de sociétés anonymes et de bureaux de production. L'auteur est un sujet d'énonciation, mais pas l'écrivain, qui n'est pas un auteur. L'écrivain invente des agencements à partir des agencements qui l'on inventé, il fait passer une multiplicité dans une autre. Le difficile, c'est de faire conspirer tous les éléments d'un ensemble non homogène, les faire fonctionner ensemble. Les structures sont liées à des conditions d'homogénéité, mais pas les agencements. L'agencement, c'est le co-fonctionnement, c'est la « sympathie », la symbiose. Croyez à ma sympathie. La sympathie n'est pas un vague sentiment d'estime ou de participation spirituelle, au contraire c'est l'effort ou la pénétration des corps, haine ou amour, car la haine aussi est un mélange, elle est un corps, elle n'est bonne que lorsqu'elle se mélange à ce qu'elle hait. La sympathie, ce sont des corps qui s'aiment ou se haïssent, et chaque fois des populations en jeu, dans ces corps ou sur ces corps. Les corps peuvent être physiques, biologiques, psychiques, sociaux, verbaux, ce sont toujours des corps ou des corpus. L'auteur, comme sujet d'énonciation, est d'abord un esprit : tantôt il s'identifie à ses personnages, ou fait que nous nous identifions à eux, ou à l'idée dont ils sont porteurs; tantôt au contraire il introduit une distance qui lui permet et nous permet d'observer, de critiquer, de prolonger. Mais ce n'est pas bon. L'auteur crée un monde, mais il n'y a pas de monde qui nous attende pour être créé. Ni identification ni distance, ni proximité ni éloignement, car, dans tous ces cas, on est amené à parler pour, ou à la place de... Au contraire, il faut parler *avec,* écrire *avec*. Avec le monde, avec une portion de monde, avec des gens. Pas du tout une conversation, mais une conspiration, un choc d'amour ou de haine. Il n'y a aucun jugement dans la sympathie, mais des convenances entre corps de toute nature. « Toutes les subtiles sympathies de l'âme innombrable, de la plus amère haine à l'amour le plus passionné [1]. » C'est cela, agencer : être au milieu, sur la ligne de rencontre d'un monde intérieur et d'un monde extérieur. Etre au milieu : « L'essentiel, c'est de se rendre parfaitement inutile, de s'absorber dans le courant commun, de redevenir poisson et non de jouer les monstres; le seul profit, me disais-je, que je puisse tirer de l'acte d'écrire, c'est de voir disparaître de ce fait les verrières qui me séparent du monde [2]. »

Il faut dire que c'est le monde lui-même qui nous tend les deux pièges de la distance et de l'identifica-

---

[1]. Lawrence, *Etudes sur la littérature classique américaine,* éd. du Seuil (cf. tout le chapitre sur Whitman, qui oppose la sympathie à l'identification).
[2]. Miller, *Sexus,* éd. Buchet-Chastel, p. 29.

tion. Il y a beaucoup de névrosés et de fous dans le monde, qui ne nous lâchent pas, tant qu'ils n'ont pas pu nous réduire à leur état, nous passer leur venin, les hystériques, les narcissiques, leur contagion sournoise. Il y a beaucoup de docteurs et de savants qui nous invitent à un regard scientifique aseptisé, de vrais fous aussi, paranoïaques. Il faut résister aux deux pièges, celui que nous tend le miroir des contagions et des identifications, celui que nous indique le regard de l'entendement. Nous ne pouvons qu'agencer parmi les agencements. Nous n'avons que la sympathie pour lutter, et pour écrire, disait Lawrence. Mais la sympathie, ce n'est pas rien, c'est un corps à corps, haïr ce qui menace et infecte la vie, aimer là où elle prolifère (pas de postérité ni de descendance, mais une prolifération...). Non, dit Lawrence, vous n'êtes pas le petit Esquimau qui passe, jaune et graisseux, vous n'avez pas à vous prendre pour lui. Mais vous avez peut-être affaire avec lui, vous avez quelque chose à agencer avec lui, un devenir-esquimau qui ne consiste pas à faire l'Esquimau, à l'imiter ou à vous identifier, à assumer l'Esquimau, mais à agencer quelque chose entre lui et vous — car vous ne pouvez devenir esquimau que si l'Esquimau devient lui-même autre chose. De même pour les fous, les drogués, les alcooliques. On objecte : avec votre misérable sympathie, vous vous servez des fous, vous faites l'éloge de la folie, puis vous les laissez tomber, vous restez sur le rivage... Ce n'est pas vrai. Nous essayons d'extraire de l'amour toute possession, toute identification, pour devenir capable d'aimer. Nous essayons d'extraire de la folie la vie qu'elle contient, tout en haïssant les fous qui ne cessent de faire mourir cette vie, de la retourner contre elle-même. Nous essayons d'extraire de l'alcool la vie qu'il contient, sans boire : la grande scène d'ivresse à l'eau pure chez Henry Miller. Se passer d'alcool, de drogue et de folie, c'est cela le devenir, le devenir-sobre, pour une vie de plus en plus riche. C'est la sympathie, agencer. Faire son lit, le contraire de faire une carrière, ne pas être un histrion des identifications, ni le froid docteur des distances. Comme on fait son lit, on se couche, personne ne viendra vous border. Trop de gens veulent être bordés, par une grosse maman identificatrice, ou par le médecin social des distances. Oui, que les fous, les névrosés, les alcooliques et les drogués, les contagieux, s'en tirent comme ils peuvent, notre sympathie même est que ce ne soit pas notre affaire. Il faut que chacun passe son chemin. Mais en être capable, c'est difficile.

Règle de ces entretiens : plus un paragraphe est long, plus il convient de le lire très vite. Et les répétitions devraient fonctionner comme des accélérations. Certains exemples vont revenir constamment : GUÊPE et ORCHIDÉE, ou bien CHEVAL et ÉTRIER... Il y en aurait beaucoup d'autres à proposer. Mais le retour au même exemple devrait produire une précipitation, même au prix d'une lassitude du lecteur. Une ritournelle? Toute la musique, toute l'écriture passe par là. C'est l'entretien lui-même qui sera une ritournelle.

SUR L'EMPIRISME. Pourquoi écrire, pourquoi avoir écrit sur l'empirisme, et sur Hume en particulier? C'est que l'empirisme est comme le roman anglais. Il ne s'agit pas de faire un roman philosophique, ni de mettre de la philosophie dans un roman. Il s'agit de faire de la philosophie en romancier, être romancier en philosophie. On définit souvent l'empirisme comme une doctrine suivant laquelle l'intelligible « vient » du sensible, tout ce qui est de l'entendement vient des sens. Mais ça, c'est le point de vue de l'histoire de la philosophie : on a le don d'étouffer toute vie en cherchant et en posant un premier principe abstrait. Chaque fois qu'on croit à un premier grand principe, on ne peut plus produire que de gros dualismes stériles. Les philosophes s'y laissent prendre volontiers, et discutent autour de ce qui doit être premier principe (l'Etre, le Moi, le Sensible?...). Mais ce n'est vraiment pas la peine d'invoquer la richesse concrète du sensible si c'est pour en faire un principe abstrait. En fait le premier principe est toujours un masque, une simple image, ça n'existe pas, les choses ne commencent à bouger et à s'animer qu'au niveau du deuxième, troisième, quatrième principe, et ce ne sont même plus des principes. Les choses ne commencent à vivre qu'au milieu. A cet égard, qu'est-ce que les empiristes ont trouvé, pas dans leur tête, mais dans le monde, et qui est comme une découverte vitale, une certitude de la vie, qui change la manière de vivre si l'on s'y accroche vraiment? Ce n'est pas du tout la question « est-ce que l'intelligible vient du sensible? », mais une tout autre question, celle des relations. *Les relations sont extérieures à leurs termes.* « Pierre est plus petit que Paul », « le verre est sur la table » : la relation n'est intérieure ni à l'un des termes qui serait dès lors sujet, ni à l'ensemble des deux. Bien plus, une relation peut changer sans que les termes changent. On objectera que le verre est peut-être modifié lorsqu'on le transporte hors de la table, mais ce n'est pas vrai, les idées du verre et de la table ne sont pas modifiées, qui sont les vrais termes des relations. Les relations sont au milieu, et existent comme telles. Cette extériorité des relations, ce n'est pas un principe, c'est une protestation vitale contre les principes. En effet, si l'on y voit quelque chose qui traverse la vie, mais qui répugne à la pensée, alors il faut forcer la pensée à le penser, en faire le point d'hallucination de la pensée, une expérimentation qui fait violence à la pensée. Les empiristes ne sont pas des théoriciens, ce sont des expérimentateurs : ils n'interprètent jamais, ils n'ont pas de principes. Si l'on prend comme fil conducteur, ou comme ligne, cette extériorité des relations, on voit se déployer, morceau par morceau, un monde très étrange, manteau d'Arlequin ou patchwork, fait de pleins et de vides, de blocs et de ruptures, d'attractions et de distractions, de nuances et de brusqueries, de conjonctions et de disjonctions, d'alternances et d'entrelacements, d'additions dont le total n'est jamais fait, de soustractions dont le reste n'est jamais fixé. On voit bien comment en découle le pseudo-premier principe de l'empirisme, mais comme une limite négative toujours repoussée, un masque mis au début : en effet, si les relations sont extérieures et irréductibles à leurs termes, la différence ne peut pas être entre le sensible et l'intelligible, entre l'expérience et la pensée, entre les sensations et les idées, mais seulement entre deux sortes d'idées, ou deux sortes d'expériences, celle des termes et celle des relations. La fameuse association des idées ne se réduit assurément pas aux platitudes que l'histoire de la philosophie en a retenues. Chez Hume, il y a les idées, et puis les relations entre ces idées, relations qui peuvent varier sans que les idées varient, et puis les circonstances, actions et passions, qui font varier ces relations. Tout un « agencement-Hume » qui prend les figures les plus diverses. Pour devenir propriétaire d'une cité abandonnée, faut-il en toucher la porte avec la main, ou suffit-il de lancer son javelot à distance ? Pourquoi dans certains cas, le dessus l'emporte-t-il sur le dessous, et dans d'autres cas l'inverse (le sol l'emporte sur la surface, mais la peinture sur la toile, etc.) ? Expérimentez : chaque fois un agencement d'idées, de relations et de circonstances : chaque fois un véritable roman, où le propriétaire, le voleur, l'homme au javelot, l'homme à la main nue, le laboureur, le peintre prennent la place des concepts.

Cette géographie des relations est d'autant plus importante que la philosophie, l'histoire de la philosophie, est encombrée du problème de l'être, EST. On discute sur le jugement d'attribution (le ciel est bleu) et le jugement d'existence (Dieu est), lequel suppose l'autre. Mais c'est toujours le verbe *être* et la question du principe. Il n'y a guère que les Anglais et les Américains pour avoir libéré les conjonctions, pour avoir réfléchi sur les relations. C'est qu'ils ont par rapport à la logique une attitude très spéciale : ils ne la conçoivent pas comme une forme originaire qui recélerait les premiers principes; ils nous disent au contraire : la logique, ou bien vous serez forcés de l'abandonner, ou bien vous serez amenés à en inventer une ! La logique, c'est exactement comme la grand-route, elle n'est pas au début, pas plus qu'elle n'a de fin, on ne peut pas s'arrêter. Précisément, il ne suffit pas de faire une logique des relations, il ne suffit pas de reconnaître les droits du jugement de relation comme sphère autonome, distinct des jugements d'existence et d'attribution. Car rien n'empêche encore les relations telles qu'elles sont détectées dans les conjonctions (OR, DONC, etc.) de rester subordonnées au verbe être. Toute la grammaire, tout le syllogisme, sont un moyen de maintenir la subordination des conjonctions au verbe être, de les faire graviter autour du verbe être. Il faut aller plus loin : faire que la rencontre avec les relations pénètre et corrompe tout, mine l'être, le fasse basculer. Substituer le ET au EST. A *et* B. Le ET n'est même pas une relation ou une conjonction particulières, il est ce qui sous-tend toutes les relations, la route de toutes les relations, et qui fait filer les relations hors de leurs termes et hors de l'ensemble de leurs termes, et hors de tout ce qui pourrait être déterminé comme Etre, Un ou Tout. Le ET comme extra-être, inter-être. Les relations pourraient encore s'établir entre leurs termes, ou entre deux ensembles, de l'un à l'autre, mais le ET donne une autre direction aux relations, et fait fuir les termes et les ensembles, les uns et les autres, sur la ligne de fuite qu'il crée activement. Penser *avec* ET, au lieu de penser EST, de penser *pour* EST : l'empirisme n'a jamais eu d'autre secret. Essayez, c'est une pensée tout à fait extraordinaire, et c'est pourtant la vie. Les empiristes pensent ainsi, c'est tout. Et ce n'est pas une pensée d'esthète, comme quand on dit « un de plus », « une femme de plus ». Et ce n'est pas une pensée dialectique, comme quand on dit « un donne deux qui va donner trois ». Le multiple n'est plus un adjectif encore subordonné à l'Un qui se divise ou à l'Etre qui l'englobe. Il est devenu substantif, une multiplicité, qui ne cesse d'habiter chaque chose. Une multiplicité n'est jamais dans les termes, en quelque nombre qu'ils soient, ni dans leur ensemble ou la totalité. Une multiplicité est seulement dans le ET, qui n'a pas la même nature que les éléments, les ensembles et même leurs relations. Si bien qu'il peut se faire entre deux seulement, il n'en déroute pas moins le dualisme. Il y a une sobriété, une pauvreté, une ascèse fondamentales du ET. A part Sartre qui est pourtant resté pris dans les pièges du verbe être, le philosophe le plus important en France, c'était Jean Wahl. Non seulement il nous a fait rencontrer la pensée anglaise et américaine, il a su nous faire penser en français des choses très nouvelles, mais il a poussé le plus loin pour son compte cet art du ET, ce bégaiement du langage en lui-même, cet usage minoritaire de la langue.

Est-ce étonnant que ça nous vienne de l'anglais ou de l'américain? C'est une langue hégémonique, impérialiste. Mais elle est d'autant plus vulnérable au travail souterrain des langues ou des dialectes qui la minent de toutes parts, et lui imposent un jeu de corruptions et variations très vastes. Ceux qui militent pour un français pur, qui ne serait pas contaminé d'anglais, nous paraissent poser un faux problème, valable seulement pour des discussions d'intellectuels. L'américain-langue ne fonde sa prétention despotique officielle, sa prétention majoritaire à l'hégémonie, que sur son étonnante aptitude à se tordre, à se casser, et à se mettre au service secret de minorités qui le travaillent du dedans, involontairement, officieusement, rongeant cette hégémonie au fur et à mesure qu'elle s'étend : l'envers du pouvoir. L'anglais a toujours été travaillé par toutes ces langues minoritaires, anglo-gaelic, anglo-irlandais, etc., qui sont autant de machines de guerre contre l'anglais : le ET de Synge, qui prend sur soi toutes les conjonctions, toutes les relations, et « the way », la grand-route, pour marquer la ligne du langage qui se déroule[1]. L'américain est travaillé par un black english, et aussi un yellow, un red english, broken english, qui sont chaque fois comme un langage tiré au pistolet des couleurs : l'emploi très différent du verbe être, l'usage différent des conjonc-

1. Cf. les remarques de François Regnault, en préface à la traduction du « Baladin du monde occidental », éd. Le Graphe.

tions, la ligne continue du ET... et si les esclaves doivent avoir une connaissance de l'anglais standard, c'est pour fuir, et faire fuir la langue elle-même [1]. Oh non, il ne s'agit pas de faire du patois ni de restaurer des dialectes, comme les romanciers paysans qui sont généralement gardiens de l'ordre établi. Il s'agit de faire bouger la langue, avec des mots de plus en plus sobres et une syntaxe de plus en plus fine. Il ne s'agit pas de parler une langue comme si l'on était un étranger, il s'agit d'être un étranger dans sa propre langue, au sens où l'américain est bien la langue des Noirs. Il y a une vocation de l'anglo-américain pour cela. Il faudrait opposer la façon par laquelle l'anglais et l'allemand forment les mots composés dont ces deux langues sont également riches. Mais l'allemand est hanté du primat de l'être, de la nostalgie de l'être, et fait tendre vers lui toutes les conjonctions dont il se sert pour fabriquer un mot composé : culte du Grund, de l'arbre et des racines, et du Dedans. Au contraire l'anglais fait des mots composés dont le seul lien est un ET sous-entendu, rapport avec le Dehors, culte de la route qui ne s'enfonce jamais, qui n'a pas de fondations, qui file à la surface, rhizome. Blue-eyed boy : un garçon, du bleu et des yeux — un agencement. ET... ET... ET, le bégaiement. L'empirisme n'est pas autre chose. C'est chaque langue majeure, plus ou moins douée, qu'il faut casser, chacune à sa façon, pour y introduire ce ET créateur, qui fera filer la langue, et fera de nous cet étranger dans notre langue en tant qu'elle est la nôtre. Trouver les moyens propres au français, avec la force de ses propres minorités, de son propre devenir-mineur (dommage à cet égard que beaucoup d'écrivains suppriment la ponctuation, qui vaut en français pour autant de ET). C'est cela l'empirisme, syntaxe et expérimentation, syntaxique et pragmatique, affaire de vitesse.

---

[1]. Cf. le livre de Dillard sur le *Black English*. Et sur les problèmes de langues en Afrique du Sud, Breytenbach, *Feu froid*, éd. Bourgois.

Sur Spinoza. Pourquoi écrire sur Spinoza? Là aussi le prendre par le milieu, et non par le premier principe (substance unique pour tous les attributs). L'âme *et* le corps, jamais personne n'a eu un sentiment si original de la conjonction « et ». Chaque individu, âme et corps, possède une infinité de parties qui lui appartiennent sous un certain rapport plus ou moins composé. Aussi chaque individu est-il lui-même composé d'individus d'ordre inférieur, et entre dans la composition d'individus d'ordre supérieur. Tous les individus sont dans la Nature comme sur un plan de consistance dont ils forment la figure entière, variable à chaque moment. Ils s'affectent les uns les autres, pour autant que le rapport qui constitue chacun forme un degré de puissance, un pouvoir d'être affecté. Tout n'est que rencontre dans l'univers, bonne ou mauvaise rencontre. Adam mange la pomme, le fruit défendu? C'est un phénomène du type indigestion, intoxication, empoisonnement : cette pomme pourrie décompose le rapport d'Adam. Adam fait une mauvaise rencontre. D'où la force de la question de Spinoza : *qu'est-ce que peut un corps?* de quels affects est-il capable? Les affects sont des devenirs : tantôt ils nous affaiblissent pour autant qu'ils diminuent notre puissance d'agir, et décomposent nos rapports (tristesse), tantôt nous rendent plus forts en tant qu'ils augmentent notre puissance et nous font entrer dans un individu plus vaste ou supérieur (joie). Spinoza ne cesse pas de s'étonner du corps. Il ne s'étonne pas d'avoir un corps, mais de ce que peut le corps. Les corps ne se définissent pas par leur genre ou leur espèce, par leurs organes et leurs fonctions, mais par ce qu'ils peuvent, par les affects dont ils sont capables, en passion comme en action. Vous n'avez pas défini un animal tant que vous n'avez pas fait la liste de ses affects. En ce sens, il y a plus de différences entre un cheval de course et un cheval de labour qu'entre un cheval de labour et un bœuf. Un lointain successeur de Spinoza dira : voyez la Tique, admirez cette bête, elle se définit par trois affects, c'est tout ce dont elle est capable en fonction des rapports dont elle est composée, un monde tripolaire et c'est tout! La lumière l'affecte, et elle se hisse jusqu'à la pointe d'une branche. L'odeur d'un mammifère l'affecte, et elle se laisse tomber sur lui. Les poils la gênent, et elle cherche une place dépourvue de poils pour s'enfoncer sous la peau et boire le sang chaud. Aveugle et sourde, la tique n'a que trois affects dans la forêt immense, et le reste du temps peut dormir des années en attendant la rencontre. Quelle puissance pourtant! Finalement, on a toujours les organes et les fonctions correspondant aux affects dont on est capable. Commencer par des animaux simples, qui n'ont qu'un petit nombre d'affects, et qui ne sont pas dans notre monde, ni dans un autre, mais *avec* un monde associé qu'ils ont su tailler, découper, recoudre : l'araignée et sa toile, le pou et le crâne, la tique et un coin de peau de mammifère, voilà des bêtes philosophiques et pas l'oiseau de Minerve. On appelle signal ce qui déclenche un affect, ce qui vient effectuer un pouvoir d'être affecté : la toile remue, le crâne se plisse, un peu de peau se dénude. Rien que quelques signes comme des étoiles dans une nuit noire immense. Devenir-araignée, devenir-pou, devenir-tique, une vie inconnue, forte, obscure, obstinée.

Quand Spinoza dit ainsi : l'étonnant, c'est le corps... nous ne savons pas encore ce que peut un corps... il ne veut pas faire du corps un modèle, et de l'âme, une simple dépendance du corps. Son entreprise est plus subtile. Il veut abattre la pseudo-supériorité de l'âme sur le corps. Il y a l'âme *et* le corps, et tous deux expriment une seule et même chose : un attribut du corps est aussi un exprimé de l'âme (par exemple la vitesse). De même que vous ne savez pas ce que peut un corps, de même qu'il y a beaucoup de choses dans le corps que vous ne connaissez pas, qui dépassent votre connaissance, de même il y a dans l'âme beaucoup de choses qui dépassent votre conscience. Voilà la question : qu'est-ce que peut un corps? de quels affects êtes-vous capables? Expérimentez, mais il faut beaucoup de prudence pour expérimenter. Nous vivons dans un monde plutôt désagréable, où non seulement les gens, mais les pouvoirs établis ont intérêt à nous communiquer des affects tristes. La tristesse, les affects tristes sont tous ceux qui diminuent notre puissance d'agir. Les pouvoirs établis ont besoin de nos tristesses pour faire de nous des esclaves. Le tyran, le prêtre, les preneurs d'âmes, ont besoin de nous persuader que la vie est dure et lourde. Les pouvoirs ont moins besoin de nous réprimer que de nous angoisser, ou, comme dit Virilio, d'administrer et d'organiser nos petites terreurs intimes. La longue plainte universelle sur la vie : le manque-à-être qu'est la vie... On a beau dire « dansons », on n'est pas bien gai. On a beau dire « quel malheur la mort », il aurait fallu vivre pour avoir quelque chose à perdre. Les malades, de l'âme autant que du corps, ne nous lâcheront pas, vampires, tant qu'ils ne nous auront pas communiqué leur névrose et leur angoisse, leur castration bien-aimée, le ressentiment contre la vie, l'immonde contagion. Tout est affaire de sang. Ce n'est pas facile d'être un homme libre : fuir la peste, organiser les rencontres, augmenter la puissance d'agir, s'affecter de joie, multiplier les affects qui expriment ou enveloppent un maximum d'affirmation. Faire du corps une puissance qui ne se réduit pas à l'organisme, faire de la pensée une puissance qui ne se réduit pas à la conscience. Le célèbre premier principe de Spinoza (une seule substance pour tous les attributs) dépend de cet agencement, et non l'inverse. Il y a un agencement-Spinoza : âme et corps, rapports, rencontres, pouvoir d'être affecté, affects qui remplissent ce pouvoir, tristesse et joie qui qualifient ces affects. La philosophie devient ici l'art d'un fonctionnement, d'un agencement. Spinoza, l'homme des rencontres et du devenir, le philosophe à la tique, Spinoza l'imperceptible, toujours au milieu, toujours en fuite même s'il ne bouge pas beaucoup, fuite par rapport à la communauté juive, fuite par rapport aux Pouvoirs, fuite par rapport aux malades et aux venimeux. Il peut être lui-même malade, et mourir; il sait que la mort n'est pas le but ni la fin, mais qu'il s'agit au contraire de passer sa vie à quelqu'un d'autre. Ce que Lawrence dit de Whitman, à quel point ça convient à Spinoza, c'est sa vie continuée : l'Ame et le Corps, l'âme n'est ni au-dessus ni au-dedans, elle est « avec », elle est sur la route, exposée à tous les contacts, les rencontres, en compagnie de ceux qui suivent le même chemin, « sentir avec eux, saisir la vibration de leur âme et de leur chair au passage », le contraire d'une morale de salut, enseigner à l'âme à vivre sa vie, non pas à la sauver.

SUR LES STOÏCIENS, pourquoi écrire sur eux? Jamais monde plus sombre et plus agité ne fut exposé : les corps... mais les qualités aussi sont des corps, les souffles et les âmes sont des corps, les actions et les passions sont elles-mêmes des corps. Tout est mélange de corps, les corps se pénètrent, se forcent, s'empoisonnent, s'immiscent, se retirent, se renforcent ou se détruisent, comme le feu pénètre dans le fer et le porte au rouge, comme le mangeur dévore sa proie, comme l'amoureux s'enfonce dans l'aimé. « Il y a de la chair dans le pain et du pain dans les herbes, ces corps et tant d'autres entrent dans tous les corps, par des conduits cachés, et s'évaporent ensemble... » Affreux repas de Thyeste, incestes et dévorations, maladies qui s'élaborent dans nos flancs, tant de corps qui poussent dans le nôtre. Qui dira quel mélange est bon ou mauvais, puisque tout est bon du point de vue du Tout qui sympathise, tout est dangereux du point de vue des parties qui se rencontrent et se pénètrent? Quel amour n'est pas du frère et de la sœur, quel festin n'est pas anthropophagique? Mais voilà que, de tous ces corps à corps, s'élève une sorte de vapeur incorporelle qui ne consiste plus en qualités, en actions ni en passions, en causes agissant les unes sur les autres, mais en résultats de ces actions et de ces passions, en effets qui résultent de toutes ces causes ensemble, purs événements incorporels impassibles, à la surface des choses, purs infinitifs dont on ne peut même pas dire qu'ils sont, participant plutôt d'un extra-être qui entoure ce qui est : « rougir », « verdoyer », « couper », « mourir », « aimer »... Un tel événement, un tel verbe à l'infinitif est aussi bien l'exprimé d'une proposition ou l'attribut d'un état de choses. C'est la force des stoïciens d'avoir fait passer une ligne de séparation, non plus entre le sensible et l'intelligible, non plus entre l'âme et le corps, mais là où personne ne l'avait vue : entre la profondeur physique et la surface métaphysique. Entre les choses et les événements. Entre les états de choses ou les mélanges, les causes, âmes et corps, actions et passions, qualités et substances, d'une part, et, d'autre part, les événements ou les Effets incorporels impassibles, inqualifiables, infinitifs qui résultent de ces mélanges, qui s'attribuent à ces états de choses, qui s'expriment dans des propositions. Nouvelle manière de destituer le EST : l'attribut n'est plus une qualité rapportée à un sujet par l'indicatif « est », c'est un verbe quelconque à l'infinitif qui sort d'un état de choses, et le survole. Les verbes infinitifs sont des devenirs illimités. Au verbe être, il appartient comme une tare originelle de renvoyer à un Je, au moins possible, qui le surcode et le met à la première personne de l'indicatif. Mais les infinitifs-devenirs n'ont pas de sujet : ils renvoient seulement à un « Il » de l'événement (il pleut), et s'attribuent eux-mêmes à des états de choses qui sont des mélanges ou des collectifs, des agencements, même au plus haut point de leur singularité. IL — MARCHER — VERS, LES NOMADES — ARRIVER, LE — JEUNE — SOLDAT — FUIR, L'ÉTUDIANT — EN — LANGUES — SCHIZOPHRÉNIQUE — BOUCHER — OREILLES, GUÊPE — RENCONTRER — ORCHIDÉE. Le télégramme est une vitesse d'événement, pas une économie de moyens. Les vraies propositions sont de petites annonces. Ce sont aussi les unités élémentaires de roman, ou d'événement. Les vrais romans opèrent avec des indéfinis qui ne sont pas indéterminés, des infinitifs qui ne sont pas indifférenciés, des noms propres qui ne sont pas des personnes : « le jeune soldat » qui bondit ou fuit, et se voit bondir et fuir dans le livre de Stephen Crane, « le jeune étudiant en langues » chez Wolfson...

Entre les deux, entre les états de choses physiques en profondeur et les événements métaphysiques de surface, il y a une stricte complémentarité. Comment un événement ne s'effectuerait-il pas dans les corps, puisqu'il dépend d'un état et d'un mélange de corps comme de ses causes, puisqu'il est produit par les corps, les souffles et les qualités qui se pénètrent, ici et maintenant? Mais aussi, comment l'événement pourrait-il être épuisé par son effectuation, puisque, en tant qu'effet, il diffère en nature de sa cause, puisqu'il agit lui-même comme une Quasi-cause qui survole les corps, qui parcourt et trace une surface, objet d'une contr'effectuation ou d'une vérité éternelle? L'événement est toujours produit par des corps qui s'entrechoquent, se coupent ou se pénètrent, la chair et l'épée; mais cet effet lui-même n'est pas de l'ordre des corps, bataille impassible, incorporelle, impénétrable, qui surplombe son propre accomplissement et domine son effectuation. On n'a jamais cessé de demander : où est la bataille? Où est l'événement, en quoi consiste un événement : chacun pose cette question en courant, « où est la prise de la Bastille? », tout événement est un brouillard de gouttes. Si les infinitifs « mourir », « aimer », « bouger », « sourire », etc., sont des événements, c'est parce qu'il y a en eux une part que leur accomplissement ne suffit pas à réaliser, un devenir en lui-même qui ne cesse à la fois de nous attendre et de nous précéder comme une troisième personne de l'infinitif, une quatrième personne du singulier. Oui, le mourir s'engendre dans nos corps, il se produit dans nos corps, mais il arrive du Dehors, singulièrement incorporel, et fondant sur nous comme la bataille qui survole les combattants, et comme l'oiseau qui survole la bataille. L'amour est au fond des corps, mais aussi sur cette surface incorporelle qui le fait advenir. Si bien que, agents ou patients, lorsque nous agissons ou subissons, il nous reste toujours à être dignes de ce qui nous arrive. C'est sans doute cela, la morale stoïcienne : ne pas être inférieur à l'événement, devenir le fils de ses propres événements. La blessure est quelque chose que je reçois dans mon corps, à tel endroit, à tel moment, mais il y a aussi une vérité éternelle de la blessure comme événement impassible, incorporel. « Ma blessure existait avant moi, je suis né pour l'incarner [1]. » Amor fati, vouloir l'événement, n'a jamais été se résigner, encore moins faire le pitre ou l'histrion, mais dégager de nos actions et passions cette fulguration de surface, *contr'effectuer* l'événement, accompagner cet effet sans corps, cette part qui dépasse l'accomplissement, la part immaculée. Un amour de la vie qui peut dire oui à la mort. C'est le passage proprement stoïcien. Ou bien le passage de Lewis Carroll : il est fasciné par la petite fille dont le corps est travaillé par tant de choses en profondeur, mais aussi survolé par tant d'événements sans épaisseur. Nous vivons entre deux dangers : l'éternel gémissement de notre corps, qui trouve toujours un corps acéré qui le coupe, un corps trop gros qui le pénètre et l'étouffe, un corps indigeste qui l'empoisonne, un meuble qui le cogne, un microbe qui lui fait un bouton; mais aussi l'histrionisme de ceux qui miment un événement pur et le transforment en fantasme, et qui chantent l'angoisse, la finitude et la castration. Il faut arriver à « dresser parmi les hommes et les œuvres leur être d'avant l'amertume ». Entre les cris de la douleur physique et les chants de la souffrance métaphysique, comment tracer son mince chemin stoïcien, qui consiste à être digne de ce qui arrive, à dégager quelque chose de gai et d'amoureux dans ce qui arrive, une lueur, une rencontre, un événement, une vitesse, un devenir? « A mon goût de la mort, qui était faillite de la volonté, je substituerai une envie de mourir qui soit l'apothéose de la volonté. » A mon envie abjecte d'être aimé, je substituerai une puissance d'aimer : non pas une volonté

---

1. Joe Bousquet, *Traduit du silence*, éd. Gallimard *Les Capitales,* Cercle du livre. Et les pages admirables de Blanchot sur l'événement, notamment dans l'*Espace littéraire,* éd. Gallimard.

absurde d'aimer n'importe qui n'importe quoi, non pas s'identifier à l'univers, mais dégager le pur événement qui m'unit à ceux que j'aime, et qui ne m'attendent pas plus que je ne les attends, puisque seul l'événement nous attend, *Eventum tantum*. Faire un événement, si petit soit-il, la chose la plus délicate du monde, le contraire de faire un drame, ou de faire une histoire. Aimer ceux qui sont ainsi : quand ils entrent dans une pièce, ce ne sont pas des personnes, des caractères ou des sujets, c'est une variation atmosphérique, un changement de teinte, une molécule imperceptible, une population discrète, un brouillard ou une nuée de gouttes. Tout a changé en vérité. Les grands événements, aussi, ne sont pas faits autrement : la bataille, la révolution, la vie, la mort... Les vraies Entités sont des événements, non pas des concepts. Penser en termes d'événement, ce n'est pas facile. D'autant moins facile que la pensée elle-même devient alors un événement. Il n'y a guère que les stoïciens et les Anglais pour avoir pensé ainsi. ENTITÉ = ÉVÉNEMENT, c'est de la terreur, mais aussi beaucoup de joie. Devenir une entité, un infinitif, comme Lovecraft en parlait, l'affreuse et lumineuse histoire de Carter : devenir-animal, devenir-moléculaire, devenir-imperceptible.

Il est très difficile de parler de la science actuelle, de ce que font les savants, pour autant qu'on comprenne. On a l'impression que l'idéal de la science n'est plus du tout axiomatique ou structural. Une axiomatique, c'était le dégagement d'une structure qui rendait homogènes ou homologues les éléments variables auxquels elle s'appliquait. C'était une opération de recodage, une remise en ordre dans les sciences. Car la science n'a jamais cessé de délirer, de faire passer des flux de connaissance et d'objets tout à fait décodés suivant des lignes de fuite allant toujours plus loin. Il y a donc toute une politique qui exige que ces lignes soient colmatées, qu'un ordre soit établi. Pensez par exemple au rôle qu'a eu Louis de Broglie en physique, pour empêcher que l'indéterminisme aille trop loin, pour calmer la folie des particules : toute une remise en ordre. Aujourd'hui il semble plutôt que la science prenne un regain de délire. Ce n'est pas seulement la course aux particules introuvables. C'est que la science devient de plus en plus événementielle, au lieu de structurale. Elle trace des lignes et des parcours, elle fait des sauts, plutôt qu'elle ne construit des axiomatiques. La disparition des schémas d'arborescence au profit de mouvements rhizomatiques en est un signe. Les savants s'occupent de plus en plus d'événements singuliers, de nature incorporelle, et qui s'effectuent dans des corps, des états de corps, des agencements tout à fait hétérogènes entre eux (d'où l'appel à l'interdisciplinarité). C'est très différent d'une structure à éléments quelconques, c'est un événement à corps hétérogènes, un événement comme tel qui croise des structures diverses et des ensembles spécifiés. Ce n'est plus une structure qui encadre des domaines isomorphes, c'est un événement qui traverse des domaines irréductibles. Par exemple l'événement « catastrophe » tel que l'étudie le mathématicien René Thom. Ou bien l'événement-propagation, « se propager », qui s'effectue dans un gel, mais aussi dans une épidémie, ou dans une information. Ou bien le SE DÉPLACER qui peut affecter le trajet d'un taxi dans une ville, ou celui d'une mouche dans une bande : ce n'est pas un axiome, mais un événement qui se prolonge entre ensembles qualifiés. On ne dégage plus une structure commune à éléments quelconques, on étale un événement, on contr'effectue un événement qui coupe différents corps et s'effectue dans diverses structures. Il y a là comme des verbes à l'infinitif, des lignes de devenir, des lignes qui filent entre domaines, et sautent d'un domaine à l'autre, inter-règnes. La science sera de plus en plus comme l'herbe, au milieu, entre les choses et parmi les autres choses, accompagnant leur fuite (il est vrai que les appareils de pouvoir exigeront de plus en plus une remise en ordre, un recodage de la science).

Humour anglais (?), humour juif, humour stoïcien, humour zen, quelle curieuse ligne brisée. L'ironiste, c'est celui qui discute sur les principes; il est à la recherche d'un premier principe, encore plus premier que celui qu'on croyait premier; il trouve une cause encore plus première que les autres. Il ne cesse de monter, de remonter. C'est pourquoi il procède par questions, c'est un homme d'entretien, de dialogue, il a un certain ton, toujours du signifiant. L'humour est juste le contraire : les principes comptent peu, on prend tout à la lettre, on vous attend aux conséquences (c'est pourquoi l'humour ne passe pas par les jeux de mots, par les calembours, qui sont du signifiant, qui sont comme un principe dans le principe). L'humour, c'est l'art des conséquences ou des effets : d'accord, d'accord sur tout, vous me donnez ceci? Vous allez voir ce qui en sort. L'humour est traître, c'est la trahison. L'humour est atonal, absolument imperceptible, il fait filer quelque chose. Il est toujours au milieu, sur le chemin. Il ne monte ou ne remonte jamais, il est à la surface : les effets de surface, l'humour est un art des événements purs. Les arts du zen, tir à l'arc, jardinage ou tasse à thé, sont des exercices pour faire surgir et fulgurer l'événement sur une surface pure. L'humour juif contre l'ironie grecque, l'humour-Job contre l'ironie-Œdipe, l'humour insulaire contre l'ironie continentale; l'humour stoïcien contre l'ironie platonicienne, l'humour zen contre l'ironie bouddhique; l'humour masochiste contre l'ironie sadique; l'humour-Proust contre l'ironie-Gide, etc. Tout le destin de l'ironie est lié à la représentation, l'ironie assure l'individuation du représenté ou la subjectivation du représentant. En effet, l'ironie classique consiste à montrer que le plus universel dans la représentation se confond avec l'extrême individualité du représenté qui lui sert de principe (l'ironie classique culmine dans l'affirmation théologique suivant laquelle « le tout du possible » est en même temps la réalité de Dieu comme être singulier). L'ironie romantique, de son côté, découvre la subjectivité du principe de toute représentation possible. Ce ne sont pas les problèmes de l'humour, qui n'a jamais cessé de défaire les jeux des principes ou des causes au profit des effets, les jeux de la représentation au profit de l'événement, les jeux de l'individuation ou de la subjectivation au profit des multiplicités. Il y a dans l'ironie une prétention insupportable : celle d'appartenir à une race supérieure, et d'être la propriété des maîtres (un texte fameux de Renan le dit sans ironie, car l'ironie cesse vite dès qu'elle parle d'elle-même). L'humour se réclame au contraire d'une minorité, d'un devenir-minoritaire : c'est lui qui fait bégayer une langue, qui lui impose un usage mineur ou constitue tout un bilinguisme dans la même langue. Et justement, il ne s'agit jamais de jeux de mots (il n'y a pas un seul jeu de mots chez Lewis Carroll), mais d'événements de langage, un langage minoritaire devenu lui-même créateur d'événements. Ou bien y aurait-il des jeux de mots « indéfinis », qui seraient comme un devenir au lieu d'un accomplissement ?

Qu'est-ce qu'un agencement? C'est une multiplicité qui comporte beaucoup de termes hétérogènes, et qui établit des liaisons, des relations entre eux, à travers des âges, des sexes, des règnes — des natures différentes. Aussi la seule unité de l'agencement est de co-fonctionnement : c'est une symbiose, une « sympathie ». Ce qui est important, ce ne sont jamais les filiations, mais les alliances et les alliages; ce ne sont pas les hérédités, les descendances, mais les contagions, les épidémies, le vent. Les sorciers le savent bien. Un animal se définit moins par son genre ou son espèce, ses organes et ses fonctions, que par les agencements dans lesquels il entre. Soit un agencement du type homme-animal-objet manufacturé : HOMME-CHEVAL-ÉTRIER. Les technologues ont expliqué que l'étrier permettait une nouvelle unité guerrière, en donnant au cavalier une stabilité latérale : la lance peut être coincée sous un seul bras, elle profite de tout l'élan du cheval, agit comme pointe elle-même immobile emportée par la course. « L'étrier remplaça l'énergie de l'homme par la puissance de l'animal. » C'est une nouvelle symbiose homme-animal, un nouvel agencement de guerre, qui se définit par son degré de puissance ou de « liberté », ses affects, sa circulation d'affects : ce que peut un ensemble de corps. L'homme et l'animal entrent dans un nouveau rapport, l'un ne change pas moins que l'autre, le champ de bataille se remplit d'un nouveau type d'affects. On ne croira pas pourtant que l'invention de l'étrier suffise. Jamais un agencement n'est technologique, c'est même le contraire. Les outils présupposent toujours une machine, et la machine est toujours sociale avant d'être technique. Il y a toujours une machine sociale qui sélectionne ou assigne les éléments techniques employés. Un outil reste marginal ou peu employé, tant que n'existe pas la machine sociale ou l'agencement collectif capable de le prendre dans son « phylum ». Dans le cas de l'étrier, c'est la donation de terre, liée pour le bénéficiaire à l'obligation de servir à cheval, qui va imposer la nouvelle cavalerie et capter l'outil dans l'agencement complexe : féodalité. (Auparavant, ou bien l'étrier sert déjà, mais autrement, dans le contexte d'un tout autre agencement, par exemple celui des nomades; ou bien il est connu, mais n'est pas employé ou ne l'est que de manière très limitée, comme dans la bataille d'Andrinople [1].) La machine féodale conjugue de nouveaux rapports avec la terre, avec la guerre, avec l'animal, mais aussi avec la culture et les jeux (tournois), avec les femmes (amour chevaleresque) : toutes sortes de flux entrent en conjonction. Comment refuser à l'agencement le nom qui lui revient, « désir »? Ici le désir devient féodal. Ici comme ailleurs, c'est l'ensemble des affects qui se transforment et circulent dans un agencement de symbiose défini par le co-fonctionnement de ses parties hétérogènes.

D'abord dans un agencement, il y a comme deux faces ou deux têtes au moins. Des *états de choses*, des états de corps (les corps se pénètrent, se mélangent, se transmettent des affects); mais aussi des *énoncés*, des régimes d'énoncés : les signes s'organisent d'une nouvelle façon, de nouvelles formulations apparaissent, un nouveau style pour de nouveaux gestes (les emblèmes qui individualisent

[1]. Cf. l'étude de L. White jr sur l'étrier et la féodalité, *Technologie médiévale et transformations sociales*, éd. Mouton.

le chevalier, les formules de serments, le système des « déclarations », même d'amour, etc.). Les énoncés ne sont pas de l'idéologie, il n'y a pas d'idéologie, les énoncés sont pièces et rouages dans l'agencement, non moins que les états de choses. Il n'y a pas d'infrastructure ni de suprastructure dans un agencement; un flux monétaire comporte en lui-même autant d'énoncés qu'un flux de paroles, pour son compte, peut comporter d'argent. Les énoncés ne se contentent pas de décrire des états de choses correspondants : ce sont plutôt comme deux formalisations non parallèles, formalisation d'expression et formalisation de contenu, telles qu'on ne fait jamais ce qu'on dit, on ne dit jamais ce qu'on fait, mais on ne ment pas pour autant, on ne trompe et on ne se trompe pas pour autant, on agence seulement des signes et des corps comme pièces hétérogènes de la même machine. La seule unité vient de ce qu'une seule et même fonction, un seul et même « fonctif », est l'exprimé de l'énoncé et l'attribut de l'état de corps : un événement qui s'étire ou se contracte, un devenir à l'infinitif. Féodaliser? C'est de manière indissoluble qu'un agencement est à la fois agencement machinique d'effectuation et agencement collectif d'énonciation. Dans l'énonciation, dans la production des énoncés, il n'y a pas de sujet, mais toujours des agents collectifs; et ce dont l'énoncé parle, on n'y trouvera pas des objets, mais des états machiniques. Ce sont comme les variables de la fonction, qui ne cessent d'entrecroiser leurs valeurs ou leurs segments. Personne mieux que Kafka n'a montré ces deux faces complémentaires de tout agencement. S'il y a un monde kafkaïen, ce n'est certes pas celui de l'étrange ou de l'absurde, mais un monde où la plus extrême formalisation juridique des énoncés (questions et réponses, objections, plaidoirie, attendus, dépôt de conclusions, verdict) coexiste avec la plus intense formalisation machinique, la machination des états de choses et de corps (machine-bateau, machine-hôtel, machine-cirque, machine-château, machine-procès). Une seule et même fonction-K, avec ses agents collectifs et ses passions de corps, Désir.

Et puis il y a encore un autre axe d'après lequel on doit diviser les agencements. Cette fois, c'est d'après les mouvements qui les animent, et qui les fixent ou les emportent, qui fixent ou emportent le désir avec ses états de choses et ses énoncés. Pas d'agencement sans territoire, territorialité, et re-territorialisation qui comprend toutes sortes d'artifices. Mais pas d'agencement non plus sans pointe de déterritorialisation, sans ligne de fuite, qui l'entraîne à de nouvelles créations, ou bien vers la mort? FÉODALITÉ, gardons le même exemple. Territorialités féodales, ou plutôt re-territorialisation, puisqu'il s'agit d'une nouvelle distribution de la terre et de tout un système de sous-inféodation; et le chevalier ne va-t-il pas jusqu'à se reterritorialiser sur sa monture à étriers, il peut dormir sur son cheval. Mais en même temps, ou bien au début, ou bien vers la fin, vaste mouvement de déterritorialisation : déterritorialisation de l'empire, et surtout de l'Eglise dont on confisque les biens fonciers pour les donner aux chevaliers; et ce mouvement trouve une issue dans les Croisades, lesquelles opèrent pourtant à leur tour une re-territorialisation d'empire et d'église (la terre spirituelle, le tombeau du Christ, le nouveau commerce); et le chevalier n'a jamais été séparable de sa course errante poussée par un vent, de sa déterritorialisation à cheval; et le servage lui-même n'est pas séparable de sa territorialité féodale, mais aussi de toutes les déterritorialisations précapitalistes qui le traversent déjà [1]. Les deux mouvements coexistent dans un agencement, et pourtant ne se valent pas, ne se compensent pas, ne sont pas symétriques. De la terre, ou plutôt de la re-territorialisation d'artifice qui se fait constamment, on dira qu'elle donne telle ou telle substance au contenu, tel ou tel code aux énoncés, tel terme au devenir, telle effectuation à l'événement, tel indicatif au temps (présent, passé, futur). Mais, de la déterritorialisation simultanée, bien qu'à d'autres points de vue, on dira qu'elle n'affecte pas

---

1. Sur tous ces problèmes, M. Dobb, *Etudes sur le développement du capitalisme,* éd. Maspero, ch. I et II.

moins la terre : elle libère une pure matière, elle défait les codes, elle entraîne les expressions et les contenus, les états de choses et les énoncés, sur une ligne de fuite en zigzag, brisée, elle élève le temps à l'infinitif, elle dégage un devenir qui n'a plus de terme, parce que chaque terme est un arrêt qu'il faut sauter. Toujours la belle formule de Blanchot, dégager « la part de l'événement que son accomplissement ne peut pas réaliser » : un pur mourir, ou sourire, ou batailler, ou haïr, ou aimer, ou s'en aller, ou créer... Retour au dualisme? Non, les deux mouvements sont pris l'un dans l'autre, l'agencement les compose tous deux, tout se passe entre les deux. Là encore, il y a une fonction-K, un autre axe tracé par Kafka, dans le double mouvement des territorialités et de la déterritorialisation.

Il y a bien une question historique de l'agencement : tels éléments hétérogènes pris dans la fonction, les circonstances où ils sont pris, l'ensemble des rapports qui unissent à tel moment l'homme, l'animal, les outils, le milieu. Mais aussi l'homme ne cesse de devenir-animal, de devenir-outil, de devenir-milieu, d'après une autre question dans ces agencements mêmes. L'homme ne devient animal que si l'animal, de son côté, devient son, couleur ou ligne. C'est un bloc de devenir toujours asymétrique. Non pas que les deux termes s'échangent, ils ne s'échangent pas du tout, mais l'un ne devient l'autre que si l'autre devient autre chose encore, et si les termes s'effacent. C'est quand le sourire est sans chat, comme dit Lewis Carroll, que l'homme peut effectivement devenir chat, au moment où il sourit. Ce n'est pas l'homme qui chante ou qui peint, c'est l'homme qui devient animal, mais juste en même temps que l'animal devient musical ou pure couleur, ou ligne étonnamment simple : les oiseaux de Mozart, c'est l'homme qui devient oiseau, parce que l'oiseau devient musical. Le marin de Melville devient albatros, quand l'albatros devient lui-même extraordinaire blancheur, pure vibration de blanc (et le devenir-baleine du capitaine Achab fait bloc avec le devenir-blanc de Moby Dick, pure blanche muraille). Alors est-ce cela, peindre, composer ou écrire? Tout est question de ligne, il n'y a pas de différence considérable entre la peinture, la musique et l'écriture. Ces activités se distinguent par leurs substances, leurs codes et leurs territorialités respectives, mais pas par la ligne abstraite qu'elles tracent, qui file entre elles et les emporte vers un commun destin. Quand on arrive à tracer la ligne, on peut dire « c'est de la philosophie ». Pas du tout parce que la philosophie serait une discipline ultime, une racine dernière qui contiendrait la vérité des autres, au contraire. Encore moins une sagesse populaire. C'est parce que la philosophie naît ou est produite du dehors par le peintre, le musicien, l'écrivain, chaque fois que la ligne mélodique entraîne le son, ou la pure ligne tracée, la couleur, ou la ligne écrite, la voix articulée. Il n'y a aucun besoin de philosophie : elle est forcément produite là où chaque activité fait pousser sa ligne de déterritorialisation. Sortir de la philosophie, faire n'importe quoi, pour pouvoir la produire du dehors. Les philosophes ont toujours été autre chose, ils sont nés d'autre chose.

C'est tout simple, écrire. Ou bien c'est une manière de se re-territorialiser, de se conformer à un code d'énoncés dominants, à un territoire d'états de choses établies : non seulement les écoles et les auteurs, mais tous les professionnels d'une écriture même non littéraire. Ou bien au contraire, c'est devenir, devenir autre chose qu'écrivain, puisque, en même temps, ce qu'on devient devient autre chose qu'écriture. Tout devenir ne passe pas par l'écriture, mais tout ce qui devient est objet d'écriture, de peinture ou de musique. Tout ce qui devient est une pure ligne, qui cesse de représenter quoi que ce soit. On dit parfois que le roman a atteint son achèvement quand il a pris pour personnage un anti-héros, un être absurde, étrange et désorienté qui ne cesse d'errer, sourd et aveugle. Mais c'est la substance du roman : de Beckett à Chrétien de Troyes, de Lawrence à Lancelot, en passant par tout le roman anglais et américain. Chrétien de Troyes n'a pas cessé de tracer la ligne des chevaliers errants, qui dorment sur leur cheval, appuyés sur leur lance et leurs étriers, et qui ne savent plus leur nom ni leur destination, qui ne cessent de partir en zigzag, et montent dans la première charrette venue, fût-elle d'infamie. Pointe de déterritorialisation du chevalier. Tantôt dans une hâte fébrile sur la ligne abstraite qui les emporte, tantôt dans le trou noir de la catatonie qui les absorbe. C'est le vent, même un vent d'arrière-cour, qui tantôt nous précipite et tantôt nous immobilise. UN CHEVALIER DORMIR SUR SA MONTURE. I am a poor lonesome cow-boy. L'écriture n'a pas d'autre but : le vent, même quand nous ne bougeons pas, « des clefs dans le vent pour me faire fuir l'esprit et fournir à mes pensées un courant d'arrière-cour » — dégager dans la vie ce qui peut être sauvé, ce qui se sauve tout seul à force de puissance et d'entêtement, dégager dans l'événement ce qui ne se laisse pas épuiser par l'effectuation, dégager dans le devenir ce qui ne se laisse pas fixer dans un terme. Bizarre écologie : tracer une ligne, d'écriture, de musique ou de peinture. Ce sont des lanières agitées par le vent. Un peu d'air passe. On trace une ligne, et d'autant plus forte qu'elle est abstraite, si elle est assez sobre et sans figures. L'écriture est faite d'agitation motrice et de catatonie : Kleist. C'est vrai qu'on n'écrit que pour les analphabètes, pour ceux qui ne lisent pas, ou du moins ceux qui ne vous liront pas. On écrit toujours pour les animaux, comme Hofmannsthal qui disait sentir un rat dans sa gorge, et ce rat montrait les dents, « noces ou participation contre nature », symbiose, involution. On ne s'adresse qu'à l'animal dans l'homme. Ça ne veut pas dire écrire à propos de son chien, de son chat, de son cheval ou de son animal préféré. Ça ne veut pas dire faire parler les animaux. Ça veut dire écrire comme un rat trace une ligne, ou comme il tord sa queue, comme un oiseau lance un son, comme un félin bouge, ou bien dort pesamment.

Devenir-animal, à charge pour l'animal, rat, cheval, oiseau ou félin, de devenir lui-même autre chose, bloc, ligne, son, couleur de sable — une ligne abstraite. Car tout ce qui change passe par cette ligne : agencement. Etre un pou de mer, qui tantôt saute et voit toute la plage, tantôt reste enfoui le nez sur un seul grain. Savez-vous seulement quel animal vous êtes en train de devenir, et surtout ce qu'il devient en vous, la Chose ou l'Entité de Lovecraft, l'innommable, « la bête intellectuelle », d'autant moins intellectuelle qu'elle écrit avec ses sabots, avec son œil mort, ses antennes et ses mandibules, son absence de visage, toute une meute en vous à la poursuite de quoi, un vent de sorcière?

CHAPITRE III

PSYCHANALYSE MORTE ANALYSEZ

PREMIERE PARTIE

Contre la psychanalyse nous n'avons dit que deux choses : elle casse toutes les productions de désir, elle écrase toutes les formations d'énoncés. Par là, elle brise l'agencement sur ses deux faces, l'agencement machinique de désir, l'agencement collectif d'énonciation. Le fait est que la psychanalyse parle beaucoup de l'inconscient, elle l'a même découvert. Mais pratiquement, c'est toujours pour le réduire, le détruire, le conjurer. L'inconscient est conçu comme un négatif, c'est l'ennemi. « Wo es war, soll Ich werden. » On a beau traduire : là où c'était, là comme sujet dois-je advenir — c'est encore pire (y compris le « soll », cet étrange « devoir au sens moral »). Ce que la psychanalyse appelle production ou formation de l'inconscient, ce sont des ratés, des conflits, des compromis ou des jeux de mots. Des désirs, il y en a toujours trop, pour la psychanalyse : « pervers polymorphe ». On vous apprendra le Manque, la Culture et la Loi. Il ne s'agit pas de théorie, mais du fameux art pratique de la psychanalyse, l'art d'interpréter. Et quand on passe de l'interprétation à la signifiance, de la recherche du signifié à la grande découverte du signifiant, il ne semble pas que la situation change beaucoup. Parmi les pages les plus grotesques de Freud, il y a celles sur la « fellatio » : comment le pénis vaut pour un pis de vache, et le pis de vache pour un sein maternel. Façon de montrer que la fellatio n'est pas un « vrai » désir, mais veut dire autre chose, cache autre chose. Il faut toujours que quelque chose rappelle quelque chose d'autre, métaphore ou métonymie. La psychanalyse devient de plus en plus cicéronienne, et Freud a toujours été un Romain. Pour renouveler la vieille distinction vrai désir — faux désir, la psychanalyse dispose d'une grille parfaite à cet égard : les vrais contenus de désir, ce seraient les pulsions partielles, ou les objets partiels; la vraie expression de désir, ce serait Œdipe, ou la castration, ou la mort, une instance pour structurer le tout. Dès que le désir agence quelque chose, en rapport avec un Dehors, en rapport avec un devenir, on casse l'agencement. Ainsi la fellatio : pulsion orale de suçotement du sein + accident structural œdipien. De même pour le reste. Avant la psychanalyse, on parlait souvent de manies dégoûtantes de vieillard; avec elle, on parle d'activité perverse infantile.

Nous disons au contraire : l'inconscient, vous ne l'avez pas, vous ne l'avez jamais, ce n'est pas un « c'était » au lieu duquel le « Je » doit advenir. Il faut renverser la formule freudienne. L'inconscient, vous devez le produire. Ce n'est pas du tout affaire de souvenirs refoulés, ni même de fantasmes. On ne reproduit pas des souvenirs d'enfance, on produit, avec des *blocs d'enfance* toujours actuels, les blocs de devenir-enfant. Chacun fabrique ou agence, non pas avec l'œuf dont il est sorti, ni avec les géniteurs qui l'y rattachent, ni avec les images qu'il en tire, ni avec la structure germinale, mais avec le morceau de placenta qu'il a dérobé, et qui lui est toujours contemporain, comme matière à expérimentation. Produisez de l'inconscient, et ce n'est pas facile, ce n'est pas n'importe où, pas avec un lapsus, un mot d'esprit ou même un rêve. L'inconscient, c'est une substance à fabriquer, à faire couler, un espace social et politique à conquérir. Il n'y a pas de sujet du désir, pas plus que d'objet. Il n'y a pas de sujet d'énonciation. Seuls les flux sont l'objectivité du désir lui-même. Le désir est le système des signes a-signifiants avec lesquels on produit des flux d'inconscient dans un champ social. Pas d'éclosion de désir, en quelque lieu que ce soit, petite famille ou école de quartier, qui ne mette en question les structures établies. Le désir est révolutionnaire parce qu'il veut toujours plus de connexions et d'agencements. Mais la psychanalyse coupe et rabat toutes les connexions, tous les agencements, elle hait le désir, elle hait la politique.

La seconde critique, c'est la manière dont la psychanalyse empêche la formation d'énoncés. Dans leur contenu, les agencements sont peuplés de devenirs et d'intensités, de circulations intensives, de multiplicités quelconques (meutes, masses, espèces, races, populations, tribus...). Et dans leur expression, les agencements manient des articles ou pronoms indéfinis qui ne sont nullement indéterminés (« un » ventre, « des » gens, « on » bat « un » enfant...) — des verbes à l'infinitif qui ne sont pas indifférenciés, mais qui marquent des processus (marcher, tuer, aimer...) — des noms propres qui ne sont pas des personnes mais des événements (ce peut être des groupes, des animaux, des entités, des singularités, des collectifs, tout ce qu'on écrit avec une majuscule, UN-HANS-DEVENIR-CHEVAL). L'agencement machinique collectif n'est pas moins production matérielle de désir que cause expressive d'énoncé : articulation sémiotique de chaînes d'expressions dont les contenus sont relativement les moins formalisés. Non pas représenter un sujet, car il n'y a pas de sujet d'énonciation, mais programmer un agencement. Non pas surcoder les énoncés, mais au contraire les empêcher de basculer sous la tyrannie de constellations dites signifiantes. Or c'est curieux que la psychanalyse, qui se vante tant de logique, ne comprenne rien à la logique de l'article indéfini, du verbe infinitif et du nom propre. Le psychanalyste veut à tout prix que, derrière les indéfinis, il y ait un défini caché, un possessif, un personnel. Quand les enfants de Melanie Klein disent

« un ventre », « comment les gens grandissent-ils? », Melanie Klein entend « le ventre de ma maman », « serai-je grand comme mon papa? ». Quand ils disent « un Hitler », « un Churchill », Melanie Klein y voit le possessif de la mauvaise mère ou du bon père. Les militaires et les météorologues, plus que les psychanalystes, ont au moins le sens du nom propre quand ils s'en servent pour désigner une opération stratégique ou un processus géographique : opération Typhon. Il arrive à Jung de rapporter un de ses rêves à Freud : il a rêvé d'un ossuaire. Freud veut que Jung ait désiré la mort de quelqu'un, sans doute de sa femme. « Jung, surpris, lui fit remarquer qu'il y avait plusieurs crânes, pas juste un seul [1]. » Freud, de même, ne veut pas qu'il y ait six ou sept loups : il n'y aura qu'un représentant du père. Et ce que Freud encore fait avec le petit Hans : il ne tient aucun compte de l'agencement (immeuble — rue — entrepôt voisin — cheval d'omnibus — un cheval tombe — un cheval est fouetté!) il ne tient aucun compte de la situation (la rue a été interdite à l'enfant, etc.) il ne tient aucun compte de la tentative du petit Hans (devenir-cheval, puisque toute autre issue a été bouchée : le bloc d'enfance, le bloc de devenir-animal de Hans, l'infinitif comme marqueur d'un devenir, la ligne de fuite ou le mouvement de déterritorialisation). Tout ce qui importe à Freud, c'est que le cheval soit le père, et puis voilà. Pratiquement, un agencement étant donné, il suffit d'en extraire un segment, d'en abstraire un moment, pour casser l'ensemble du désir, le devenir en acte, et y substituer des ressemblances trop imaginaires (un cheval-mon papa) ou des analogies de rapports trop symboliques (ruer = faire l'amour). Tout le réel-désir a déjà disparu : on y substitue un code, un surcodage symbolique des énoncés, un sujet fictif d'énonciation qui ne laisse aucune chance aux patients.

1. E. A. Bennett, *Ce que Jung a vraiment dit,* éd. Stock, p. 80.

Se fait-on psychanalyser, on croit parler et l'on accepte de payer pour cette croyance. Mais on n'a pas la moindre chance de parler. La psychanalyse est faite tout entière pour empêcher les gens de parler et leur retirer toutes les conditions d'énonciation vraie. Nous avions formé un petit groupe de travail pour la tâche suivante : lire des comptes rendus de psychanalyses, notamment d'enfants, s'en tenir à ces comptes rendus et faire deux colonnes, à gauche ce que l'enfant a dit, d'après le compte rendu lui-même, et à droite, ce que le psychanalyste a entendu et retenu (cf. toujours le jeu de cartes du « choix forcé »). C'est effarant. Les deux textes majeurs à cet égard sont le petit Hans de Freud, et le petit Richard de Melanie Klein. C'est un incroyable forcing, comme un match de boxe entre catégories trop inégales. Humour de Richard, au début, qui se moque de M. K. Tous ces agencements de désir, à lui, passent par une activité de cartographie pendant la guerre, une distribution de noms propres, des territorialités et des mouvements de déterritorialisation, des seuils et des franchissements. Insensible et sourde, imperméable, Mme K. va casser la force du petit Richard. Leitmotiv du livre dans le texte lui-même : « Mme K. interpréta, Mme K. *interpréta,* Mme K. INTERPRÉTA... » On dit qu'il n'en est plus ainsi aujourd'hui : la signifiance a remplacé l'interprétation, le signifiant a remplacé le signifié, le silence de l'analyste a remplacé ses commentaires, la castration s'est révélée plus sûre qu'Œdipe, les fonctions structurales ont remplacé les images génitrices, le nom du Père a remplacé mon papa. Nous ne voyons pas de grands changements pratiques. Un patient ne peut pas murmurer « bouches du Rhône » sans se faire rectifier « bouche de la mère »; un autre ne peut pas dire « je voudrais rejoindre un groupe hippie » sans se faire intimer « pourquoi prononcez-vous comme gros pipi? ». Ces deux exemples font partie d'analyses fondées sur le plus haut signifiant. Et de quoi une analyse pourrait-elle être faite, sinon de ces trucs où l'analyste n'a même plus besoin de parler, puisque l'analysé les connaît aussi bien que lui? L'analysé est donc devenu analysant, terme particulièrement comique. On a beau nous dire : vous ne comprenez rien, Œdipe, ce n'est pas papa-maman, c'est le symbolique, la loi, l'accès à la culture, c'est l'effet du signifiant, c'est la finitude du sujet, c'est le « manque-à-être qu'est la vie ». Et si ce n'est pas Œdipe, ce sera la castration, et les prétendues pulsions de mort. Les psychanalystes enseignent la résignation infinie, ce sont les derniers prêtres (non, il y en aura encore d'autres après). On ne peut pas dire qu'ils soient très gais, voyez le regard mort qu'ils ont, leur nuque raide (seul Lacan a gardé un certain sens du rire, mais il avoue qu'il est forcé de rire tout seul). Ils n'ont pas tort de dire qu'ils ont besoin d'être « rémunérés » pour supporter le poids de ce qu'ils entendent, ils ont quand même renoncé à soutenir la thèse d'un rôle symbolique et désintéressé de l'argent dans la psychanalyse. Nous ouvrons au hasard un article quelconque, d'un psychanalyste qui fait autorité, l'article a deux pages : « La longue dépendance de l'homme, son impuissance à s'aider lui-même... l'infériorité congénitale de l'être humain... la blessure narcissique inhérente à son existence... la réalité douloureuse de la condition humaine... qui implique l'incomplétude, le conflit... sa misère intrinsèque, qui le conduit il est vrai aux plus hautes réalisations. » Il y a longtemps qu'un curé serait chassé de son église, à tenir un discours aussi impudent, aussi obscurantiste.

Mais oui, pourtant, dans la psychanalyse beaucoup de choses ont changé. Ou bien elle s'est noyée, elle s'est répandue dans toutes sortes de techniques de thérapie, d'adaptation ou même de marketing, auxquelles elle apportait sa nuance particulière dans un vaste syncrétisme, sa petite ligne dans la polyphonie de groupe. Ou bien elle s'est durcie, dans un affinement, un « retour » à Freud très hautain, une harmonie solitaire, une spécification victorieuse qui ne veut plus d'alliance qu'avec la linguistique (même si l'inverse n'est pas vrai). Mais quelle que soit leur différence considérable, nous croyons que ces deux directions opposées témoignent des mêmes changements, de la même évolution, qui porte sur plusieurs points.

I. D'abord la psychanalyse a déplacé son centre, de la famille à la conjugalité. Elle s'installe entre les époux, les amants ou les amis, plus qu'entre les parents et les enfants. Même les enfants sont conduits par des psychologues, plutôt qu'amenés par les parents. Ou bien les rapports parents-enfants sont réglés par consultation radiophoniques. Le fantasme a destitué le souvenir d'enfance. C'est une remarque pratique, qui concerne le recrutement des psychanalysés : ce recrutement se fait de moins en moins suivant l'arbre généalogique familial, et de plus en plus suivant le réseau des amis (« toi aussi, tu devrais te faire analyser... »). Comme dit Serge Leclaire, avec humour peut-être, « il est maintenant des analyses où les réseaux d'allégeance des divans fréquentés par les amis et amants se substituent aux relations de parenté [1] ». Ce n'est pas sans importance pour la forme même des troubles : la névrose a abandonné les modèles héréditaires (même si l'hérédité passe par un « milieu » familial) pour suivre des schémas de contagion. La névrose a acquis sa puissance la plus redoutable, celle de la propagation contagieuse : je ne te lâcherai pas tant que tu ne m'auras pas rejoint dans cet état. On admirera la discrétion des anciens névrosés, du type hystérique ou obsessionnel, qui ou bien menaient leur affaire tout seuls ou bien la faisaient en famille : le type dépressif moderne, au contraire, est particulièrement vampirique ou venimeux. Ils se chargent de réaliser la prophétie de Nietzsche : ils ne supportent pas qu' « une » santé existe, ils n'auront de cesse de nous attirer dans leurs rets. Pourtant, les guérir, ce serait d'abord détruire en eux cette volonté de venin. Mais comment le psychanalyste le ferait-il, lui qui dispose ainsi d'un formidable auto-recrutement de sa clientèle ? On aurait pu croire que Mai 68

1. Serge Leclaire, *Démasquer le réel*, éd. du Seuil, p. 35.

aurait porté un coup fatal à la psychanalyse, et rendu grotesque le style des énoncés proprement psychanalytiques. Non, tant de jeunes gens sont retournés à la psychanalyse. Précisément parce qu'elle avait su abandonner son modèle familial discrédité, pour prendre une voie plus inquiétante encore, une micro-contagion « politique » au lieu d'une macro-filiation « privée ». Jamais la psychanalyse n'a été aussi vivante, soit parce qu'elle a réussi à tout imprégner, soit parce qu'elle a établi sur de nouvelles bases sa position transcendante, son Ordre spécifique.

II. La psychiatrie dans son histoire ne nous semble pas s'être constituée autour du concept de folie, mais au contraire, au point où ce concept avait des difficultés d'application. La psychiatrie s'est heurtée en effet au problème des délires sans déficit intellectuel. D'une part il y a des gens qui ont l'air fou, mais qui ne le sont pas « vraiment », ayant gardé leurs facultés, et d'abord la faculté de bien gérer leur fortune et leurs possessions (régime paranoïaque, délire d'interprétation, etc.[1]). D'autre part, il y a des gens qui sont « vraiment » fous, et pourtant n'en ont pas l'air, commettant soudain un acte explosif que rien ne laissait prévoir, incendie, homicide, etc. (régime monomaniaque, délire passionnel ou de revendication). Si le psychiatre a mauvaise conscience, c'est dès le début, puisqu'il est pris dans la dissociation du concept de folie : il est accusé de traiter comme fous certains qui ne le sont pas exactement, et de ne pas voir à temps la folie d'autres qui le sont effectivement. La psychanalyse s'est glissée entre ces deux pôles, en disant à la fois que nous étions tous des fous sans en avoir l'air, mais aussi bien que nous avions l'air de fous sans l'être. Toute une « psychopathologie de la vie quotidienne ». Bref, c'est sur l'échec du concept de folie que la psychiatrie s'est constituée, et que la psychanalyse a pu enchaîner avec elle. Il est difficile d'ajouter quelque chose

1. Cf. le cas célèbre du Président Schreber, et le jugement qui lui rend ses droits.

aux analyses de Foucault, puis de Robert Castel, quand ils montrent comment la psychanalyse a poussé sur ce sol de la psychiatrie [1]. En découvrant entre les deux pôles le monde des névroses, avec intégrité des facultés intellectuelles, et même absence de délire, la psychanalyse à ses débuts réussissait une opération très importante : faire passer sous la relation contractuelle-libérale toutes sortes de gens qui, jusque-là, semblaient en être exclus (la « folie » mettait ceux qu'elle frappait hors de tout contrat possible). Le contrat proprement psychanalytique, un flux de paroles contre un flux d'argent, allait faire du psychanalyste quelqu'un capable de s'insérer dans tous les pores de la société occupés par ces cas incertains. Mais à mesure que la psychanalyse voyait son extension croître, à mesure aussi qu'elle remontait vers les délires cachés sous les névroses, il semble que la relation contractuelle, même si l'on en gardait l'apparence, la contentait de moins en moins. La psychanalyse avait réalisé en effet ce qui faisait l'angoisse de Freud à la fin de sa vie : elle était devenue interminable, interminable en droit. En même temps, elle prenait une fonction de « masse ». Car ce qui définit la fonction de masse, ce n'est pas nécessairement une caractère collectif, de classe ou d'ensemble ; c'est le passage juridique du contrat au statut. Il semble de plus en plus que le psychanalysé acquiert un *statut* incessible, inaliénable, plutôt qu'il n'entre dans une *relation contractuelle* temporaire. Précisément en s'installant entre les deux pôles où la psychiatrie rencontrait ses limites, en agrandissant le champ entre ces deux pôles, et en le creusant, la psychanalyse allait inventer un statut de la maladie mentale ou du trouble psychique, qui ne cessait de se reconduire, de se propager en réseau. On nous proposait la nouvelle ambition : la psychanalyse est l'affaire de toute une vie.

Peut-être l'importance de l'Ecole freudienne de Paris est-elle liée à ceci, qu'elle a exprimé pour la première fois

1. Cf. Robert Castel, *Le Psychanalysme,* éd. de Minuit.

les exigences d'un nouvel ordre psychanalytique, non pas seulement en théorie, mais dans son organisation statutaire, dans ses actes de fondation. Car ce qu'elle propose clairement, c'est un statut psychanalytique, par opposition au vieux contrat; du coup, elle esquisse une mutation bureaucratique, passage d'une bureaucratie de notables (type radical-socialiste, qui convenait aux débuts de la psychanalyse) à une bureaucratie de masse; du coup, idéal de délivrer des états statutaires comme des brevets de citoyenneté, des cartes d'identité, par opposition à des contrats limités; la psychanalyse se réclame de Rome, elle se fait cicéronienne et met sa frontière entre « l'Honestas » et « la canaille [1] ». Si l'Ecole freudienne a suscité tant de problèmes dans le monde psychanalytique, ce n'est pas seulement en fonction de sa hauteur théorique, ni de sa pratique, mais en raison de son esquisse d'une nouvelle organisation explicite. Ce projet a pu être jugé mal venu par les autres organismes psychanalytiques; mais parce qu'il disait la vérité sur un mouvement qui traverse l'ensemble de la psychanalyse, et que les autres organisations préféraient laisser faire en silence, sous le couvert du thème contractuel. Nous ne regrettons pas cette couverture contractuelle, hypocrite dès le début. Nous ne disons pas davantage que la psychanalyse concerne maintenant les masses, mais seulement qu'elle a pris une fonction de masse, fût-elle fantomatique ou restreinte, ou pour une « élite ». Et que c'est le deuxième aspect de son changement : non seulement être passée de la famille à la conjugalité, de la parenté à l'alliance, de la filiation à la contagion, mais aussi du *contrat au statut*. Il arrive que les années interminables de psychanalyse donnent des « points de salaire » supplémentaires aux travailleurs sociaux; on voit la psychanalyse pénétrer partout dans le secteur social [2]. Cela nous paraît plus important que

1. Cf. un curieux texte de J. A. Miller, in « Ornicar » n° 1.
2. Jacques Donzelot, dans *La Police des familles* (éd. de Minuit, montre que la psychanalyse est sortie de la relation privée, et a peut-être pénétré le secteur « social » beaucoup plus tôt qu'on ne le croyait.

la pratique et la théorie, qui sont en gros restées les mêmes. D'où le renversement des rapports psychiatrie-psychanalyse, d'où l'ambition de la psychanalyse de devenir une langue officielle, d'où ses alliances avec la linguistique (on n'a pas de rapport contractuel avec le langage).

III. Pourtant la théorie même a changé, semble avoir changé. Le passage du signifié au signifiant : si l'on ne cherche plus un signifié pour des symptômes jugés signifiants, si l'on cherche au contraire quel est le signifiant pour des symptômes qui n'en seraient plus que l'effet, si l'interprétation fait place à la signifiance, un nouveau déplacement se produit. Alors en effet, la psychanalyse a ses propres références, et n'a plus besoin d'un « référent » extérieur. Est vrai tout ce qui se passe dans la psychanalyse, dans le cabinet de l'analyste. Est dérivé ou secondaire, ce qui se passe ailleurs. Formidable moyen d'attachement. La psychanalyse a cessé d'être une science expérimentale pour conquérir les droits d'une axiomatique. Psychnalyse INDEX SUI; pas d'autre vérité que celle qui sort de l'opération qui la présuppose, le divan est devenu le puits insondable, interminable en droit. La psychanalyse a cessé d'être à la recherche, puisqu'elle est constitutive de la vérité. Encore une fois, c'est Serge Leclaire qui le dit le plus nettement : « La réalité de la scène primitive tend à se dévoiler plus concrètement à travers le cabinet analytique que dans le cadre de la chambre des parents... D'une version figurative, on passe à la version de référence, structurale, dévoilant le réel d'une opération littérale... Le divan psychanalytique est devenu le lieu où se déroule effectivement le jeu de la confrontation au réel. » Le psychanalyste est devenu comme le journaliste : il crée l'événement. De toute façon, la psychanalyse fait des offres de service. Tant qu'elle interprétait, ou en tant qu'elle interprète (recherche d'un signifié), elle ramène les désirs et les énoncés à un état déviant par rapport à l'ordre établi, par rapport aux significations dominantes, mais justement les localise dans les pores de ce corps établi dominant, comme quelque chose de traduisible et d'échangeable en vertu du contrat. Quand elle découvre le signifiant, elle invoque un ordre proprement psychanalytique (l'ordre symbolique par opposition à l'ordre imaginaire du signifié), lequel n'a plus besoin que de soi, puisqu'il est statutaire ou structural : c'est lui qui forme un corps, un corpus suffisant par lui-même.

On retrouve évidemment la question du pouvoir, de l'appareil de pouvoir psychanalytique — avec les mêmes nuances que précédemment : même si ce pouvoir est restreint, localisé, etc. On ne peut poser cette question qu'en fonction de remarques très générales : c'est vrai, ce que dit Foucault, que toute formation de pouvoir a besoin d'un savoir qui, pourtant n'en dépend pas, mais qui, lui-même, n'aurait pas d'efficacité sans elle. Or ce savoir utilisable peut avoir deux figures : ou bien une forme officieuse, telle qu'il s'installe dans les « pores », pour boucher tel ou tel trou dans l'ordre établi; ou bien une forme officielle, quand il constitue par lui-même un ordre symbolique qui donne aux pouvoirs établis une axiomatique généralisée. Par exemple, les historiens de l'Antiquité montrent la complémentarité cité grecque — géométrie euclidienne. Non pas que les géomètres ont le pouvoir, mais parce que la géométrie euclidienne constitue le savoir, ou la machine abstraite, dont la cité a besoin pour son organisation de pouvoir, d'espace et de temps. Il n'y a pas d'Etat qui n'ait besoin d'une image de la pensée, qui lui servira d'axiomatique ou de machine abstraite, et à laquelle il donne en revanche la force de fonctionner : d'où l'insuffisance du concept d'idéologie, qui ne rend pas du tout compte de ce rapport. Ce fut le rôle fâcheux de la philosophie classique, telle que nous l'avons vue, de fournir ainsi à des appareils de pouvoir, Eglise ou Etat, le savoir qui leur convenait. Peut-on dire aujourd'hui que les sciences de l'homme ont pris ce même rôle, fournir par leurs propres moyens une machine abstraite aux appareils de pouvoir modernes, quitte à recevoir d'eux la promotion souhaitable? La psychanalyse a donc fait ses offres, devenir une langue et un savoir majeurs officiels à la place de la philosophie, fournir une axiomatique de l'homme à la place des mathématiques, se réclamer de l'Honestas et d'une fonction de masse. Il est douteux qu'elle réussisse : les appareils de pouvoir ont plus d'intérêt à se tourner vers la physique, la biologie ou l'informatique. Mais elle aura fait ce qu'elle aura pu : elle ne sert plus l'ordre établi, de manière officieuse, elle propose un ordre spécifique et symbolique, une machine abstraite, une langue officielle qu'elle essaie de souder à la linguistique en général, pour prendre une position d'Invariant. Elle s'occupe de plus en plus de la « pensée » pure. Psychanalyse vivante. Psychanalyse morte, parce qu'elle a peu de chances de réussir dans son ambition, parce qu'il y a trop de concurrents, et parce que, pendant ce temps-là, toutes les forces de minorité, toutes les forces de devenirs, toutes les forces de langage, toutes les forces d'art, sont en train de fuir ce terrain-là — de parler, de penser, d'agir, de devenir autrement. Tout passe par ailleurs, que la psychanalyse ne peut même pas intercepter, ou que la psychanalyse n'intercepte que pour l'arrêter. Et c'est bien là en effet ce qu'elle se propose : surcoder les agencements pour soumettre les désirs à des chaînes signifiantes, les énoncés à des instances subjectives, qui les accordent aux exigences d'un Ordre établi. Les quatre changements progressifs que nous venons de voir — passage de la famille au réseau, substitution du statut au contrat, découverte d'un ordre proprement psychanalytique, alliance avec la linguistique — marquent cette ambition de participer au contrôle des agencements de désir et d'énonciation, ou même de conquérir une place dominante dans ce contrôle.

Sur *l'Anti-Œdipe*, sur les machines désirantes, sur ce qu'est un agencement de désir, les forces qu'il mobilise, les dangers qu'il affronte, on nous a prêté beaucoup de bêtises. Elles ne venaient pas de nous. Nous disions que le désir n'est nullement lié à la « Loi », et ne se définit par aucun manque essentiel. Car c'est cela la véritable idée du prêtre : la loi constituante au cœur du désir, le désir constitué comme manque, la sainte castration, le sujet fendu, la pulsion de mort, l'étrange culture de la mort. Et il en est sans doute ainsi chaque fois qu'on pense le désir comme un pont entre un sujet et un objet : le sujet du désir ne peut être que clivé, et l'objet, d'avance perdu. Ce que nous avons essayé de montrer, au contraire, c'était comment le désir était hors de ces coordonnées personnologiques et objectales. Il nous semblait que le désir était un processus, et qu'il déroulait un *plan de consistance,* un champ d'immanence, un « corps sans organes », comme disait Artaud, parcouru de particules et de flux qui s'échappent des objets comme des sujets... Le désir n'est donc pas intérieur à un sujet, pas plus qu'il ne tend vers un objet : il est strictement immanent à un plan auquel il ne préexiste pas, à un plan qu'il faut construire, où des particules s'émettent, des flux se conjuguent. Il n'y a désir que pour autant qu'il y a déploiement d'un tel champ, propagation de tels flux, émission de telles particules. Loin de supposer un sujet, le désir ne peut être atteint qu'au point où quelqu'un est dessaisi du pouvoir de dire Je. Loin de tendre vers un objet, le désir ne peut être atteint qu'au point où quelqu'un ne cherche ou ne saisit pas plus un objet qu'il ne se saisit comme sujet. On objecte alors qu'un tel désir est tout à fait indéterminé, et qu'il est encore plus pénétré de manque. Mais qui vous fait croire qu'en perdant les coordonnées d'objet et de sujet, vous manquiez de quelque chose? Qui vous pousse à croire que les articles et pronoms indéfinis (un, on), les troisièmes personnes (il, elle), les verbes infinitifs sont le moins du monde indéterminés? Le plan de consistance ou d'immanence, le corps sans organes, comporte des vides et des déserts. Mais ceux-ci font « pleinement » partie du désir, loin d'y creuser un manque quelconque. Quelle curieuse confusion, celle du vide avec le manque. Il nous manque vraiment en général une particule d'Orient, un grain de Zen. L'anorexie est peut-être ce dont on a le plus mal parlé, sous l'influence de la psychanalyse notamment : le vide, propre au corps sans organes anorexique, n'a rien à voir avec un manque, et fait partie de la constitution du champ de désir parcouru de particules et de flux. Nous voudrions revenir tout à l'heure sur cet exemple, le détailler. Mais déjà le désert est un corps sans organes qui n'a jamais été contraire aux peuplades qui le hantent, le vide n'a jamais été contraire aux particules qui s'y agitent.

On se fait du désert l'image de l'explorateur qui a soif, et du vide, l'image d'un sol qui se dérobe. Images mortuaires, qui ne valent que là où le plan de consistance, identique au désir, ne peut pas s'installer et n'a pas les conditions pour se construire. Mais, sur le plan de consistance, même la rareté des particules, et le ralentissement ou le tarissement des flux, font partie du désir, et de la pure vie du désir, sans témoigner d'aucun manque. Comme dit Lawrence, la chasteté est un flux. Le plan de consistance est-il une chose bizarre? Il faudrait dire à la fois : vous l'avez déjà, vous n'éprouvez pas un désir sans qu'il soit déjà là, sans qu'il se trace en même temps que votre désir — mais aussi : vous ne l'avez pas, et vous ne désirez pas si vous n'arrivez pas à le construire, si vous ne savez pas le faire, en trouvant vos lieux, vos agencements, vos particules et vos flux. Il faudrait dire à la fois : il se fait tout seul, mais sachez le voir; et vous devez le faire, sachez le faire, prendre les bonnes directions, à vos risques et périls. Désir : qui, sauf les prêtres, voudrait appeler cela « manque »? Nietzsche l'appelait Volonté de puissance. On peut l'appeler autrement. Par exemple, grâce. Désirer n'est pas du tout une chose facile, mais justement parce qu'il donne, au lieu de manquer, « vertu qui donne ». Ceux qui lient le désir au manque, la longue cohorte des chanteurs de la castration, témoignent bien d'un long ressentiment comme d'une interminable mauvaise conscience. Est-ce méconnaître la misère de ceux qui manquent effectivement de quelque chose? Mais outre que ce n'est pas de ceux-là que parle la psychanalyse (au contraire elle fait la distinction, elle dit bien haut qu'elle ne s'occupe pas des privations réelles), ceux qui manquent réellement n'ont aucun plan de consistance possible qui leur permettrait de désirer. Ils en sont empêchés de mille manières. Et dès qu'ils en construisent un, ils ne manquent de rien sur ce plan, à partir duquel ils partent en conquérants vers ce dont ils manquent en dehors. Le manque renvoie à une positivité du désir, et pas le désir à une négativité du manque. Même individuelle, la construction du plan est une politique, elle engage nécessairement un « collectif », des agencements collectifs, un ensemble de devenirs sociaux.

Il faudrait distinguer deux plans, deux types de plans. D'une part un plan qu'on pourrait nommer d'*organisation*. Il concerne à la fois le développement des formes et la formation des sujets. Aussi est-il, autant qu'on veut, structural *et* génétique. De toute manière, il dispose d'une dimension supplémentaire, d'une dimension de plus, d'une dimension cachée, puisqu'il n'est pas donné pour lui-même, mais doit toujours être conclu, inféré, induit à partir de ce qu'il organise. C'est comme dans la musique où le principe de composition n'est pas donné dans une relation directement perceptible, audible, avec ce qu'il donne. C'est donc un plan de transcendance, une sorte de dessein, dans l'esprit de l'homme ou dans l'esprit d'un dieu, même quand on lui prête un maximum d'immanence en l'enfouissant dans les profondeurs de la Nature, ou bien de l'Inconscient. Un tel plan est celui de la Loi, en tant qu'il organise et développe des formes, genres. thèmes, motifs, et qu'il assigne et fait évoluer des sujets, personnages, caractères et sentiments : harmonie des formes, éducation des sujets.

Et puis il y a un tout autre plan qui ne s'occupe pas de ces choses-là. Plan de *consistance*. Cet autre plan ne connaît que des rapports de mouvement et de repos, de vitesse et de lenteur, entre éléments non formés, relativement non formés, molécules ou particules emportées par des flux. Il ne connaît pas davantage des sujets, mais plutôt ce qu'on appelle des « heccéités ». En effet toute individuation ne se fait pas sur le mode d'un sujet ou même d'une chose. Une heure, un jour, une saison, un climat, une ou plusieurs années — un degré de chaleur, une intensité, des intensités très différentes qui se composent — ont une individualité parfaite qui ne se confond pas avec celle d'une chose ou d'un sujet formés. « Quel terrible cinq heures du soir! » Ce n'est pas l'instant, ce n'est pas la brièveté qui distingue ce type d'individuation. Une heccéité peut durer autant de temps, et même plus que le temps nécessaire au développement d'une forme et à l'évolution d'un sujet. Mais ce n'est pas le même type de temps : temps flottant, lignes flottantes de l'Aiôn, par opposition à Chronos. Les heccéités sont seulement des degrés de puissance qui se composent, auxquels correspondent un pouvoir d'affecter et d'être affecté, des affects actifs ou passifs, des intensités. Dans sa promenade, l'héroïne de Virginia Woolf s'étend comme une lame à travers toutes choses, et pourtant regarde du dehors, avec l'impression qu'il est dangereux de vivre même un seul jour (« jamais plus je ne dirai : je suis ceci ou cela, il est ceci, il est cela... »). Mais la promenade elle-même est une heccéité. Ce sont les heccéités qui s'expriment dans des articles et pronoms indéfinis, mais non indéterminés, dans des noms propres qui ne désignent pas des personnes, mais marquent des événements, dans des verbes infinitifs qui ne sont pas indifférenciés, mais constituent des devenirs ou des processus. C'est l'heccéité qui a besoin de ce type d'énonciation. HECCÉITÉ = ÉVÉNEMENT. C'est une question de vie, vivre de cette manière-là, d'après un tel plan, ou plutôt sur un tel plan : « *Il est aussi déréglé que le vent et très secret sur ce qu'il fait la nuit...* » (Charlotte Brontë). D'où vient la perfection absolue de cette phrase? Pierre Chevalier est ému par cette phrase qu'il découvre et qui le traverse; serait-il ému s'il n'était lui-même une heccéité qui traverse la phrase? Une chose, un animal, une personne ne se définissent plus que par des mouvements et des repos, des vitesses et des lenteurs (*longitude*), et par des affects, des intensités (*latitude* [1]). Il n'y a plus de formes, mais des rapports cinématiques entre éléments non formés; il n'y a plus de sujets, mais des individuations dynamiques sans sujet, qui constituent des agencements collectifs. Rien ne se développe, mais des choses arrivent en retard ou en avance, et entrent dans tel agencement d'après leurs compositions de vitesse. Rien ne se subjective, mais des heccéités se dessinent d'après les compositions de puissances et d'affects non subjectivés. Carte des vitesses et des intensités. Nous avons déjà rencontré cette histoire des vitesses et des lenteurs : elles ont en commun de pousser par le milieu, d'être toujours-entre; elles ont en commun l'imperceptible, comme l'énorme lenteur de gros lutteurs japonais, et tout d'un coup, un geste décisif si rapide qu'on ne l'a pas vu. La vitesse n'a aucun privilège sur la lenteur : les deux tordent les nerfs, ou plutôt les dressent et leur donnent la maîtrise. Antoine. Qu'est-ce qu'une jeune fille, ou un groupe de jeunes filles? Proust les décrit comme des rapports mouvants de lenteur et de vitesse, et des individuations par heccéité, non subjectives.

C'est ce plan-là, uniquement défini par longitude et latitude, qui s'oppose au plan d'organisation. C'est vraiment un plan d'immanence, parce qu'il ne dispose d'aucune dimension supplémentaire à ce qui se passe sur

---

1. L'*heccéité* — et aussi la longitude, la latitude — sont de très belles notions du Moyen Age, dont certains théologiens, philosophes et physiciens ont poussé l'analyse au plus loin. Nous leur devons tout à cet égard, bien que nous employions ces notions en un sens différent.

lui : ses dimensions croissent ou décroissent avec ce qui se passe, sans que sa planitude en soit troublée (plan à *n* dimensions). Ce n'est plus un plan téléologique, un dessein, mais un plan géométrique, dessin abstrait, qui est comme la section de toutes les formes quelconques, quelles que soient leurs dimensions : Planomène ou Rhizosphère, hypersphère. C'est comme un plan fixe, mais « fixe » ne veut pas dire immobile, il indique l'état absolu du mouvement non moins que du repos, par rapport auquel toutes les variations de vitesse relative deviennent elles-mêmes perceptibles. Il appartient à ce plan d'immanence ou de consistance de comprendre des brouillards, des pestes, des vides, des sauts, des immobilisations, des suspens, des précipitations. Car l'échec fait partie du plan lui-même : il faut en effet toujours reprendre, reprendre au milieu, pour donner aux éléments de nouveaux rapports de vitesse et de lenteur qui les font changer d'agencement, sauter d'un agencement à l'autre. D'où la multiplicité des plans sur le plan, et les vides, qui font partie du plan, comme un silence fait partie du plan sonore, sans qu'on puisse dire « quelque chose manque ». Boulez parle de « programmer la machine pour que chaque fois qu'on repasse une bande, elle donne des caractéristiques différentes de temps ». Et Cage, une horloge qui donnerait des vitesses variables. Certains musiciens contemporains ont poussé jusqu'au bout l'idée pratique d'un plan immanent qui n'a plus de principe d'organisation cachée, mais où le processus doit être entendu non moins que ce qui en procède, où les formes ne sont gardées que pour libérer des variations de vitesse entre particules ou molécules sonores, où les thèmes, motifs et sujets ne sont gardés que pour libérer des affects flottants. Extraordinaire façon dont Boulez traite le leitmotiv wagnérien. Il ne suffirait pas d'opposer ici l'Orient et l'Occident, le plan d'immanence qui vient d'Orient, et le plan d'organisation transcendante qui fut toujours la maladie de l'Occident : par exemple la poésie ou le dessin orientaux, les arts martiaux, qui procèdent si souvent par heccéités pures, et poussent par le « milieu ». L'Occident lui-même est traversé par cet immense plan d'immanence ou de consistance, qui emportent les formes et en arrachent les indications de vitesse, qui dissolvent les sujets et en extraient des heccéités : plus rien que des longitudes et des latitudes.

Plan de consistance, plan d'immanence, c'est déjà ainsi que Spinoza concevait le plan contre les tenants de l'Ordre et de la Loi, philosophes ou théologiens. C'est déjà ainsi que la trinité Hölderlin — Kleist — Nietzsche concevait l'écriture, l'art, et même une nouvelle politique : non plus un développement harmonieux de la forme et une formation bien réglée du sujet, comme le voulaient Goethe ou Schiller, ou Hegel, mais des successions de catatonies et de précipitations, de suspens et de flèches, des coexistences de vitesses variables, des blocs de devenir, des sauts par-dessus des vides, des déplacements d'un centre de gravité sur une ligne abstraite, des conjonctions de lignes sur un plan d'immanence, un « processus stationnaire » à vitesse folle qui libère particules et affects. (Deux secrets de Nietzsche : l'éternel retour comme plan fixe sélectionnant les vitesses et les lenteurs toujours variables de Zarathoustra; l'aphorisme, non pas comme écriture parcellaire, mais comme agencement qui ne peut pas être lu deux fois, qui ne peut pas « repasser », sans que changent les vitesses et les lenteurs entre ses éléments.) C'est tout cela, c'est tout ce plan qui n'a qu'un nom, Désir, et qui n'a certes rien à voir avec le manque ni avec la « loi ». Comme dit Nietzsche, qui voudrait appeler cela loi, le mot a trop d'arrière-goût moral?

Nous disions donc une chose simple : le désir concerne les vitesses et lenteurs entre des particules (longitude), les affects, intensités et heccéités sous des degrés de puissance (latitude). UN — VAMPIRE — DORMIR — JOUR — ET — SE RÉVEILLER — NUIT. Savez-vous comme c'est simple, un désir? Dormir est un désir. Se promener est un désir. Ecouter de la musique, ou bien faire de la musique, ou bien écrire, sont des désirs. Un printemps, un hiver sont des désirs. La vieillesse aussi est un désir. Même la mort. Le désir n'est jamais à interpréter, c'est lui qui expérimente. Alors on nous objecte des choses très fâcheuses. On nous dit que nous revenons à un vieux culte du plaisir, à un principe de plaisir, ou à une conception de la fête (la révolution sera une fête...). On nous oppose ceux qui sont empêchés de dormir, soit du dedans, soit du dehors, et qui n'en ont ni le pouvoir ni le temps; ou qui n'ont ni le temps ni la culture d'écouter de la musique; ni la faculté de se promener, ni d'entrer en catatonie sauf à l'hôpital; ou qui sont frappés d'une vieillesse, d'une mort terribles; bref tous ceux qui souffrent : ceux-là ne « manquent »-ils de rien? Et surtout, on nous objecte qu'en soustrayant le désir au manque et à la loi, nous ne pouvons plus invoquer qu'un état de nature, un désir qui serait réalité naturelle et spontanée. Nous disons tout au contraire : *il n'y a de désir qu'agencé ou machiné*. Vous ne pouvez pas saisir ou concevoir un désir hors d'un agencement déterminé, sur un plan qui ne préexiste pas, mais qui doit lui-même être construit. Que chacun, groupe ou individu, construise le plan d'immanence où il mène sa vie et son entreprise, c'est la seule affaire importante. Hors de ces conditions, vous manquez en effet de quelque chose, mais vous manquez précisément des conditions qui rendent un désir possible. Les organisations de formes, les formations de sujets (l'autre plan) « impuissantent » le désir : elles le soumettent à la loi, elles y introduisent le manque. Si vous ligotez quelqu'un, et si vous lui dites « exprime-toi, camarade », il pourra dire tout au plus qu'il ne veut pas être ligoté. Telle est sans doute la seule spontanéité du désir : ne pas vouloir être opprimé, exploité, asservi, assujetti. Mais on n'a jamais fait un désir avec des non-vouloirs. Ne pas vouloir être asservi est une proposition nulle. En revanche tout agencement exprime et fait un désir en construisant le plan qui le rend possible, et, le rendant possible, l'effectue. Le désir n'est pas réservé à des privilégiés; il n'est pas davantage réservé à la réussite d'une révolution une fois faite. Il est en lui-même processus révolutionnaire immanent. *Il est constructiviste, pas du tout spontanéiste.* Comme tout agencement est collectif, est lui-même un collectif, c'est bien vrai que tout désir est l'affaire du peuple, ou une affaire de masses, une affaire moléculaire.

Nous ne croyons même pas à des pulsions intérieures qui inspireraient le désir. Le plan d'immanence n'a rien à voir avec une intériorité, il est comme le Dehors d'où vient tout désir. Quand nous entendons parler d'une chose aussi ridicule que la prétendue pulsion de mort, nous avons l'impression d'un théâtre d'ombres, Eros et Thanatos. Nous avons besoin de demander : y aurait-il un agencement suffisamment tordu, suffisamment monstrueux pour que l'énoncé « vive la mort » en fasse précisément partie et que la mort y soit elle-même désirée? Ou bien n'est-ce pas le contraire d'un agencement, son effondrement, sa faillite? Il faut décrire l'agencement où tel désir devient possible, se mobilise et s'énonce. Mais jamais nous n'invoquerons des pulsions qui renverraient à des invariants structuraux, ou à des variables génétiques. Buccal, anal, génital, etc., nous demandons chaque fois dans quels agencements ces composantes entrent : non pas à quelles pulsions elles correspondent, ni à quels souvenirs ou fixations elles doivent leur prévalence, ni à quels incidents elles renvoient, mais avec quels éléments extrinsèques elles se composent pour faire un désir, pour faire désir. Il en est déjà ainsi chez l'enfant, qui machine son désir avec le dehors, avec la conquête du dehors, non pas dans des stades intérieurs ni sous des structures transcendantes. Encore une fois le petit Hans : il y a la rue, le cheval, l'omnibus, les parents, le professeur Freud en personne, le « fait-pipi » qui n'est ni un organe ni une fonction, mais un fonctionnement machinique, une pièce de la machine. Il y a des vitesses et des lenteurs, des affects et des heccéités : un cheval un jour la rue. Il n'y a que des politiques d'agencements, même chez l'enfant : en ce sens tout est politique. Il n'y a que des programmes, ou plutôt des diagrammes ou des plans, pas des souvenirs ni même des fantasmes. Il n'y a que des devenirs et des blocs, blocs d'enfance, blocs de féminité, d'animalité, blocs de devenir actuels, et rien de mémoriel, d'imaginaire ou de symbolique. Le désir n'est pas plus symbolique que figuratif, pas plus signifié que signifiant : il est fait de différentes lignes qui s'entrecroisent, se conjuguent ou s'empêchent, et qui constituent tel ou tel agencement sur un plan d'immanence. Mais le plan ne préexiste pas à ces agencements qui le composent, à ces lignes abstraites qui le tracent. Nous pouvons toujours l'appeler plan de Nature, pour marquer son immanence. Mais c'est la distinction nature-artifice qui n'est pas du tout pertinente ici. Il n'y a pas de désir qui ne fasse coexister plusieurs niveaux dont les uns peuvent être dits naturels par rapport à d'autres, mais c'est une nature qui doit être construite avec tous les artifices du plan d'immanence. L'agencement féodalité comprend parmi ses éléments « cheval-étrier-lance ». La position naturelle du cavalier, la manière naturelle de tenir la lance dépend d'une nouvelle symbiose homme-animal qui fait de l'étrier la chose la plus naturelle du monde, et du cheval la chose la plus artificielle. Les figures du désir n'en découlent pas, elles traçaient déjà l'agencement, l'ensemble des éléments retenus ou créés par l'agencement, la Dame non moins que le cheval, le cavalier qui dort non moins que la course errante en quête du Graal.

Nous disons qu'il y a agencement de désir chaque fois que se produisent, sur un champ d'immanence ou plan de consistance, des *continuums d'intensités*, des *conjugaisons de flux*, des *émissions de particules* à vitesses variables. Guattari parle d'un agencement-Schumann. Qu'est-ce que c'est qu'un tel agencement musical désigné par un nom propre? Quelles sont les dimensions d'un tel agencement? Il y a le rapport avec Clara, femme-enfant-virtuose, la ligne Clara. Il y a la petite machine manuelle que Schumann se fabrique pour ligaturer le médius et assurer l'indépendance du quatrième doigt. Il y a la ritournelle, les petites ritournelles qui hantent Schumann et traversent toute son œuvre, comme autant de blocs d'enfance, toute une entreprise concertée d'involution, de sobriété, d'appauvrissement du thème ou de la forme. Et il y a aussi cette utilisation du piano, ce mouvement de déterritorialisation qui emporte la ritournelle (« des ailes ont poussé à l'enfant ») sur une ligne mélodique, dans un agencement polyphonique original capable de produire des rapports dynamiques et affectifs de vitesse ou de lenteur, de retard ou d'avance, très complexes, à partir d'une forme intrinsèquement simple ou simplifiée. Il y a l'intermezzo, ou plutôt il n'y a que des intermezzi dans Schumann, faisant passer la musique *au milieu,* empêchant le plan sonore de basculer sous une loi d'organisation ou de développement [1]. Tout cela se conjugue dans l'agencement constitutif de désir. C'est le désir lui-même qui passe et qui se meut. Il n'y a pas besoin d'être Schumann. Ecouter Schumann. Inversement qu'est-ce qui arrive pour que tout l'agencement vacille : la petite machine manuelle entraîne la paralysie du doigt, et puis le devenir-fou de Schumann... Nous disons seulement que le désir est inséparable d'un plan de consistance qu'il faut chaque fois construire pièce à pièce, et des agencements sur ce plan, continuums, conjugaisons, émissions. Sans manque, mais certainement pas sans risque ni péril. Le désir, dit Félix : une ritournelle. Mais c'est déjà très compliqué : car la ritournelle c'est une espèce de territorialité sonore, l'enfant qui se rassure quand il a peur dans le noir, « Ah, vous dirais-je maman... » (la psychanalyse a bien mal compris le célèbre « Fort-Da » quand elle y a vu une opposition de type phonologique au lieu d'y trouver la ritournelle) — mais c'est aussi tout le mouvement de déterritorialisation qui s'empare d'une forme

1. Cf. l'article de Roland Barthes sur Schumann, *Rasch,* in « Langue, discours, société », éd. du Seuil, p. 218 sq.

et d'un sujet pour en extraire des vitesses variables et des affects flottants, alors la musique commence. Ce qui compte dans le désir, ce n'est pas la fausse alternative loi-spontanéité, nature-artifice, c'est le jeu respectif des territorialités, re-territorialisations et mouvements de déterritorialisation.

En parlant de désir, nous ne pensions pas plus au plaisir et à ses fêtes. Certainement le plaisir est agréable, certainement nous y tendons de toutes nos forces. Mais, sous la forme la plus aimable ou la plus indispensable, il vient plutôt interrompre le processus du désir comme constitution d'un champ d'immanence. Rien de plus significatif que l'idée d'un plaisir-décharge; le plaisir obtenu, on aurait au moins un peu de tranquillité avant que le désir renaisse : il y a beaucoup de haine, ou de peur à l'égard du désir, dans le culte du plaisir. Le plaisir est l'assignation de l'affect, l'affection d'une personne ou d'un sujet, il est le seul moyen pour une personne de « s'y retrouver » dans le processus de désir qui la déborde. Les plaisirs, même les plus artificiels, ou les plus vertigineux, ne peuvent être que de re-territorialisation. Si le désir n'a pas le plaisir pour norme, ce n'est pas au nom d'un Manque intérieur qui serait impossible à combler, mais au contraire en vertu de sa positivité, c'est-à-dire du plan de consistance qu'il trace au cours de son procès. C'est la même erreur qui rapporte le désir à la Loi du manque et à la Norme du plaisir. C'est quand on continue de rapporter le désir au plaisir, à un plaisir à obtenir, qu'on s'aperçoit du même coup qu'il manque essentiellement de quelque chose. Au point que, pour rompre ces alliances toutes faites entre désir-plaisir-manque, nous sommes forcés de passer par de bizarres artifices, avec beaucoup d'ambiguïté. Exemple, l'amour courtois, qui est un agencement de désir lié à la fin de la féodalité. Dater un agencement, ce n'est pas faire de l'histoire, c'est lui donner ses coordonnées d'expression et de contenu, noms propres, infinitifs-devenirs, articles, heccéités. (Ou bien c'est cela, faire de l'histoire?) Or il est bien connu que l'amour courtois implique des épreuves qui repoussent le plaisir, ou du moins repoussent la terminaison du coït. Ce n'est certes pas une manière de privation. C'est la constitution d'un champ d'immanence, où le désir construit son propre plan, et ne manque de rien, pas plus qu'il ne se laisse interrompre par une décharge qui témoignerait de ce qu'il est trop lourd pour lui-même. L'amour courtois a deux ennemis, qui se confondent : la transcendance religieuse du manque, l'interruption hédoniste qu'introduit le plaisir comme décharge. C'est le processus immanent du désir qui se remplit de lui-même, c'est le continuum des intensités, la conjugaison des flux, qui remplacent et l'instance-loi, et l'interruption-plaisir. Le processus du désir est nommé « joie », non pas manque ou demande. Tout est permis, sauf ce qui viendrait rompre le processus complet du désir, l'agencement. Qu'on ne dise pas que c'est de la Nature : il faut au contraire beaucoup d'artifices pour conjurer le manque intérieur, le transcendant supérieur, l'extérieur apparent. Ascèse, pourquoi pas? L'ascèse a toujours été la condition du désir, et non sa discipline ou son interdiction. Vous trouverez toujours une ascèse si vous pensez au désir. Or il a fallu « historiquement » qu'un tel champ d'immanence soit possible à tel moment, à tel endroit. L'amour proprement chevaleresque n'avait été possible que lorsque deux flux s'étaient conjugués, flux guerrier et érotique, au sens où la vaillance donnait droit à l'amour. Mais l'amour courtois exigeait un nouveau seuil où la vaillance devenait elle-même intérieure à l'amour, et où l'amour incluait l'épreuve [1]. On en dira

1. René Nelli, dans *L'Erotique des troubadours* (10/18), analyse très bien ce plan d'immanence de l'amour courtois, en tant qu'il récuse les interruptions que le plaisir y introduirait. Dans un tout autre agencement, on trouve des énoncés et des techniques semblables dans le Taoïsme pour la construction d'un plan d'immanence du désir (cf. Van Gulik, *La Vie sexuelle dans la Chine ancienne,* éd. Gallimard, et les commentaires de J.-F. Lyotard, *Economie libidinale,* éd. de Minuit).

autant, dans d'autres conditions, de l'agencement masochiste : l'organisation des humiliations et des souffrances y apparaît moins comme un moyen de conjurer l'angoisse et d'atteindre ainsi à un plaisir supposé interdit, que comme un procédé, particulièrement retors, pour constituer un corps sans organes et développer un procès continu du désir que le plaisir, au contraire, viendrait interrompre.

Nous ne croyons pas en général que la sexualité ait le rôle d'une infrastructure dans les agencements de désir, ni qu'elle forme une énergie capable de transformation, ou bien de neutralisation et sublimation. La sexualité ne peut être pensée que comme un flux parmi d'autres, entrant en conjonction avec d'autres flux, émettant des particules qui entrent elles-mêmes sous tel ou tel rapport de vitesse et de lenteur dans le *voisinage* de telles autres particules. Aucun agencement ne peut être qualifié d'après un flux exclusif. Quelle triste idée de l'amour, qu'en faire un rapport entre deux personnes, dont il faudrait au besoin vaincre la monotonie en y ajoutant d'autres personnes encore. Et ce n'est pas mieux quand on pense quitter le domaine des personnes en rabattant la sexualité sur la construction de petites machines perverses ou sadiques qui ferment la sexualité sur un théâtre de fantasmes : quelque chose de sale ou de moisi se dégage de tout cela, trop sentimental en vérité, trop narcissique, comme lorsqu'un flux se met à tourner sur soi-même, et à croupir. Alors le beau mot de Félix, « machines désirantes », nous avons dû y renoncer pour ces raisons. La question de la sexualité, c'est : avec quoi d'autre entre-t-elle en voisinage pour former telle ou telle heccéité, tels rapports de mouvement et de repos ? Elle restera d'autant plus sexualité, pure et simple sexualité, loin de toute sublimation idéalisante, qu'elle se conjuguera avec d'autres flux. Elle sera d'autant plus sexualité pour elle-même, inventive, émerveillée, sans fantasme qui tourne en rond ni idéalisation qui saute en l'air : il n'y a que le masturbateur pour faire des fantasmes. La psychanalyse, c'est exactement une masturbation, un narcissisme généralisé, organisé, codé. La sexualité ne se laisse pas sublimer, ni fantasmer, parce que son affaire est ailleurs, dans le voisinage et la conjugaison réels avec d'autres flux, qui la tarissent ou la précipitent — tout dépend du moment, et de l'agencement. Et ce n'est pas seulement de l'un à l'autre des deux « sujets » que se font ce voisinage ou cette conjugaison, c'est en chacun des deux que plusieurs flux se conjuguent, pour former un bloc de devenir qui les entraîne tous deux, devenir-musique de Clara, devenir-femme ou enfant de Schumann. Non pas l'homme et la femme comme entités sexuées, pris dans un appareil binaire, mais un devenir moléculaire, naissance d'une femme moléculaire dans la musique, naissance d'une sonorité moléculaire dans une femme. « Les rapports entre deux époux véritables changent profondément au cours des années, souvent sans qu'ils en sachent rien; quoique chaque changement soit une souffrance, même s'il cause une certaine joie... A chaque changement apparaît un être nouveau, s'établit un nouveau rythme... Le sexe est quelque chose de changeant, tantôt vivant, tantôt en repos, tantôt enflammé et tantôt mort [1]... » Nous sommes composés de lignes variables à chaque instant, différemment combinables, des paquets de lignes, longitudes et latitudes, tropiques, méridiens, etc. Il n'y a pas de mono-flux. L'analyse de l'inconscient devrait être une géographie plutôt qu'une histoire. Quelles lignes se trouvent bloquées, calcifiées, murées, en impasse, tombant dans un trou noir, ou taries, quelles autres sont actives ou vivantes par quoi quelque chose s'échappe et nous entraîne? Petit Hans encore : comment la ligne de l'immeuble, des voisins lui a été coupée, comment l'arbre œdipien s'est développé, quel rôle a joué le branchement du professeur Freud, pourquoi l'enfant a-t-il été se réfugier sur la ligne d'un devenir-cheval, etc. La

---

1. Lawrence, *Eros et les chiens,* éd. Bourgois, p. 290.

psychanalyse n'a pas cessé de hanter des voies parentales et familiales, il ne faut pas lui reprocher d'avoir choisi un branchement plutôt qu'un autre, mais d'avoir fait impasse avec ce branchement-là, d'avoir inventé des conditions d'énonciation qui écrasaient d'avance les nouveaux énoncés qu'elle suscitait pourtant. Il faudrait arriver à dire : ton père, ta mère, ta grand-mère, tout est bon, même le Nom du père, toute entrée est bonne, du moment que les sorties sont multiples. Mais la psychanalyse a tout fait, sauf des sorties. « Nos rails peuvent nous conduire absolument partout. *Et si nous rencontrons parfois un vieil embranchement du temps de ma grand-mère,* très bien, nous le prendrons pour voir où il nous mènera. Et ma foi, une année ou l'autre, nous finirons bien par descendre le Mississippi en bateau, il y a longtemps que j'en ai envie. Nous avons assez de routes devant nous, pour remplir le temps d'une vie, et c'est justement le temps d'*une vie* que je veux mettre à achever notre voyage [1]. »

---

1. Bradbury, *Les Machines à bonheur,* éd. Denoël, p. 66.

DEUXIEME PARTIE

Les trois contresens sur le désir sont : le mettre en rapport avec le manque ou la loi; avec une réalité naturelle ou spontanée; avec le plaisir, ou même et surtout la fête. Le désir est toujours agencé, machiné, sur un plan d'immanence ou de composition, qui doit lui-même être construit en même temps que le désir agence et machine. Nous ne voulons pas dire seulement que le désir est historiquement déterminé. La détermination historique fait appel à une instance structurale qui jouerait le rôle de loi, ou bien de cause, d'où le désir naîtrait. Tandis que le désir est l'opérateur effectif, qui se confond chaque fois avec les variables d'un agencement. Ce n'est pas le manque ni la privation qui donne du désir : on ne manque que par rapport à un agencement dont on est exclu, mais on ne désire qu'en fonction d'un agencement où l'on est inclus (fût-ce une association de brigandage, ou de révolte).

Machine, machinisme, « machinique » : ce n'est ni mécanique, ni organique. La mécanique est un système de liaisons de proche en proche entre termes dépendants. La machine au contraire est un ensemble de « voisinage » entre termes hétérogènes indépendants (le voisinage topologique est lui-même indépendant de la distance ou de la contiguïté). Ce qui définit un agencement machinique, c'est le déplacement d'un centre de gravité sur une ligne abstraite. Comme dans la marionnette de Kleist, c'est ce déplacement qui engendre les lignes ou mouvements concrets. On objecte que la machine, en ce sens, renvoie à l'unité d'un machiniste. Mais ce n'est pas vrai : le machiniste est présent dans la machine, « dans le centre de gravité », ou plutôt de célérité, qui la parcourt. C'est pourquoi il ne sert à rien de dire que certains mouvements sont impossibles à la machine; au contraire, ce sont des mouvements que telle machine fait parce qu'elle a pour pièce un homme. Ainsi la machine dont un rouage est un danseur : il ne faut pas dire que la machine ne peut pas faire tel mouvement que l'homme est seul à pouvoir faire, mais au contraire que l'homme ne peut faire ce mouvement que comme pièce de telle machine. Un geste venu d'Orient suppose une machine asiatique. La machine est un ensemble de voisinage homme-outil-animal-chose. Elle est première par rapport à eux, puisqu'elle est la ligne abstraite qui les traverse, et les fait fonctionner ensemble. Elle est toujours à cheval sur plusieurs structures, comme dans les constructions de Tinguely. La machine, dans son exigence d'hétérogénéité de voisinages, déborde les structures avec leurs conditions minima d'homogénéité. Il y a toujours une machine sociale première par rapport aux hommes et aux animaux qu'elle prend dans son « phylum ».

L'histoire des techniques montre qu'un outil n'est rien, en dehors de l'agencement machinique variable qui lui donne tel rapport de voisinage avec l'homme, les animaux et les choses : les armes hoplites chez les Grecs préexistent à l'agencement hoplitique, mais ne servent pas du tout de la même façon; l'étrier n'est pas le même instrument suivant qu'il a été rapporté à une machine de guerre nomade, ou pris au contraire dans la machine féodale. C'est la machine qui fait l'outil, et pas l'inverse. Une ligne évolutive qui irait de l'homme à l'outil, de l'outil à la machine technique, est purement imaginaire. La machine est sociale en son premier sens, et est première par rapport aux structures qu'elle traverse, aux hommes qu'elle dispose, aux outils qu'elle sélectionne, aux techniques qu'elle promeut.

Et c'est pareil pour l'organisme : de même que le mécanique suppose une machine sociale, l'organisme suppose lui-même un *corps sans organes,* défini par ses lignes, ses axes et des gradients, tout un fonctionnement machinique distinct des fonctions organiques autant que des relations mécaniques. L'œuf intense, pas du tout maternel, mais toujours contemporain de notre organisation, sous-jacent à notre développement. Machines abstraites ou corps sans organes, c'est le désir. Il y en a de beaucoup de sortes, mais ils se définissent par ce qui se passe sur eux, en eux : des continuums d'intensité, des blocs de devenir, des émissions de particules, des conjugaisons de flux.

Or ce sont ces variables (quels continuums? quels devenirs, quelles particules, quels flux, quels modes d'émissions et de conjugaisons?) qui définissent des « régimes de signes ». Ce n'est pas le régime qui renvoie à des signes, c'est le signe qui renvoie à tel régime. Il est très douteux, dès lors, que le signe révèle un primat de la signifiance ou du signifiant. C'est plutôt le signifiant qui renvoie à un régime particulier de signes, et sans doute pas le plus important ni le plus ouvert. La sémiologie ne peut être qu'une étude des régimes, de leurs différences et de leurs transformations. Signe ne renvoie à rien de spécifique, sauf aux régimes où entrent les variables du désir.

Soit deux exemples, dans l'infinité des régimes possibles. On peut concevoir un centre comme une force endogène, intérieure à la machine, qui se développe par irradiation circulaire en tous sens, prenant toutes choses dans son réseau, un mécanicien sautant constamment d'un point à un autre, et d'un cercle à un autre. On définit alors un régime où le « signe » ne cesse de renvoyer au signe, sur chaque cercle et d'un cercle à l'autre, l'ensemble des signes renvoyant lui-même à un signifiant mobile ou à un centre de signifiance; et où l'interprétation, l'assignation d'un signifié, ne cesse de redonner du signifiant, comme pour recharger le système et en vaincre l'entropie. On aura un ensemble d'intensités et de flux qui dessinent une « carte » particulière : au centre le Despote, ou le Dieu, son temple ou sa maison, son Visage comme visage exhibé, vu de face, trou noir sur un mur blanc; l'organisation rayonnante des cercles, avec toute une bureaucratie qui règle les rapports et passages d'un cercle à l'autre (le palais, la rue, le village, la campagne, la brousse, les frontières); le rôle spécial du prêtre, qui agit comme interprète ou devin; la ligne de fuite du système, qui doit être barrée, conjurée, frappée d'un signe négatif, occupée par une sorte de bouc émissaire, image inversée du despote, dont le rôle est d'emporter périodiquement tout ce qui menace ou encrasse le fonctionnement de la machine. On voit que la ligne de gravité est comme mutante, et que le centre qui la parcourt, le « mécanicien », ne cesse de sauter d'un point à un autre : du visage du Dieu au bouc sans visage, en passant par les scribes, les prêtres, les sujets. Voilà un système qu'on peut appeler signifiant; mais c'est en fonction d'un régime particulier de signes en tant qu'il exprime un état de flux et d'intensités.

Soit en effet un autre régime. Nous ne concevons plus une simultanéité de cercles en expansion infinie, autour d'un centre, telle que chaque signe renvoie à d'autres signes, et l'ensemble des signes à un signifiant. Nous concevons un petit paquet de signes, un petit bloc de signes, qui file sur une ligne droite illimitée, et qui marque sur elle une succession de procès, de segments finis, chacun ayant un début et une fin. C'est très différent, c'est une tout autre machine. Au lieu d'une force endogène qui baigne le tout, il y a une occasion extérieure décisive, un rapport avec le dehors qui s'exprime comme une émotion plutôt que comme une Idée, un effort ou une action plutôt qu'une imagination. Au lieu d'un centre de signifiance, il y a un point de subjectivation qui donne le départ de la ligne, et par rapport auquel se constitue un sujet d'énonciation, puis un sujet d'énoncé, quitte à ce que l'énoncé redonne de l'énonciation. Mécanisme très différent de celui par lequel le signifié redonnait du signifiant : cette fois, c'est la fin d'un procès qui marque le début d'un autre, dans une succession linéaire. A la segmentarité circulaire de simultanéité s'est substituée une segmentarité linéaire de succession. Le visage a singulièrement changé de fonctionnement : ce n'est plus le visage despotique vu de face, c'est le visage autoritaire qui se détourne et se met de profil. C'est même un double détournement, comme disait Hölderlin à propos d'Œdipe : le Dieu, devenu Point de subjectivation, ne cesse de se détourner de son sujet, qui ne cesse aussi de se détourner de son Dieu. Les visages filent, se détournent et se mettent de profil. C'est là que la trahison remplace la tricherie : le régime signifiant était une économie de la tricherie, y compris dans le visage du despote, dans les opérations du scribe et les interprétations du devin. Mais maintenant la machination prend le sens d'une trahison : c'est en me détournant de Dieu qui se détourne de moi, que j'accomplirai la mission subjective de Dieu, comme la mission divine de ma subjectivité. Le prophète, l'homme du double détournement, a remplacé le prêtre, interprète ou devin. La ligne de fuite a tout à fait changé de valeur : au lieu d'être frappée du signe négatif qui marque le bouc émissaire, la ligne de fuite a pris la valeur du signe positif, elle se confond avec la gravité ou la célérité de la machine. Mais elle n'en est pas moins cassée, segmentarisée en une succession de procès finis qui, chaque fois, tombent dans un trou noir. Voilà donc un autre régime de signes, comme une autre cartographie : régime passionnel ou subjectif, très différent du régime signifiant.

Si l'on se contente pour le moment de ces deux-là, on se demande à quoi ils renvoient. Eh bien, ils renvoient à n'importe quoi, à des époques et dans des milieux très différents. Ils peuvent renvoyer à des formations sociales, à des événements historiques, mais aussi à des formations pathologiques, à des types psychologiques, à des œuvres d'art, etc. Sans qu'il y ait lieu jamais d'opérer la moindre réduction. Soit des formations sociales : reprenons les termes de Robert Jaulin, l'Hébreu et le Pharaon. Il nous semble que le Pharaon appartient à une machine hautement signifiante, et à un régime despotique qui organise intensités et flux sur le mode circulaire irradiant que nous avons essayé de définir. L'Hébreu au contraire a perdu le temple, il se lance dans une ligne de fuite à laquelle il donne la plus haute valeur positive; mais cette ligne, il la segmentarise en une série de « procès » finis autoritaires. C'est l'Arche qui n'est plus qu'un petit paquet de signes filant sur une ligne désertique, *entre* la terre et les eaux, au lieu d'être le Temple central immobile et partout présent dans l'harmonie des éléments. C'est le bouc émissaire qui devient la plus intense figure — nous serons le bouc et l'agneau, Dieu devenu l'animal immolé : « Que le mal retombe sur nous. » Moïse se réclame du procès, *ou de la revendication* trop lourde à porter, qui doit être reconduite et distribuée en segments successifs, contrat-procès toujours révocable. C'est le double détournement linéaire qui s'impose, comme la nouvelle figure qui lie Dieu et son peuple, Dieu et son prophète (Jérôme Lindon l'a montré à propos de Jonas; et c'est déjà cela, le signe de Caïn, ce sera encore cela, le signe du Christ). La Passion, la subjectivation.

Alors nous pensons à tout autre chose, dans un tout autre domaine : comment, au XIXe siècle, se dégage une distinction entre deux grands types de délire. D'une part, le délire paranoïaque et d'interprétation, qui part d'une force endogène comme d'un centre de signifiance, et qui irradie dans tous les sens, renvoyant toujours un signe à un autre signe, et l'ensemble des signes au signifiant central (despote, phallus, castration, avec tous les sauts, toutes les mutations, du Maître castrant au bouc castré). D'autre part, une forme très différente de délire, dite monomaniaque, ou passionnelle et de revendication : une occasion extérieure, un point de subjectivation, qui peut être n'importe quoi, petit paquet de signes localisé, arche, clin d'œil, fétiche, lingerie, chaussure, visage qui se détourne — ce point de subjectivation s'engouffre sur une ligne droite, qui va être segmentarisée en procès successifs, avec des intervalles variables. Délire d'action, plus que d'idée, disent les psychiatres; d'émotion, plus que d'imagination; dépendant d'un « postulat » ou d'une formule concise, plus que d'un germe en développement. Nous avons vu comment la psychiatrie, à ses débuts, se trouvait coincée entre ces deux types de délire : ce n'était pas affaire de nosographie, mais tout un matériau nouveau arrivait de deux côtés, ou se trouvait repérable à ce moment, débordant le régime de ce qu'on appelait jusque-là « folie ». Un délirant passionnel ou subjectif commence un procès, marqué par un point de subjectivation : *Il* m'aime, « il » m'a fait signe; je me constitue comme sujet d'énonciation (flux d'orgueil, intensité haute); je retombe à l'état de sujet d'énoncé (« il me trompe », « c'est un traître », intensité basse). Et puis un autre « procès » recommence, à mesure que le passionnel s'enfonce dans cette ligne de fuite qui va de trou noir en trou noir. Tristan et Ysolde suivent la ligne passionnelle de la barque qui les entraîne : Tristan, Ysolde, Ysolde, Tristan... Il y a là un type de redondance, passionnelle ou subjective, *la redondance de résonance*, très différente de *la redondance signifiante*, ou de fréquence.

Sans doute nos distinctions sont trop sommaires. Il faudrait prendre chaque cas précis, et chercher dans chaque cas quelle est la machine, ou le « corps sans organes »; et puis chercher ce qui se passe, particules et flux, quel régime de signes. Que la machine ne soit pas un mécanisme, que le corps ne soit pas un organisme, c'est toujours là que le désir agence. Mais ce n'est pas de la même manière qu'un masochiste agence, ou bien un drogué, ou bien un alcoolique, ou bien un anorexique, etc.

Hommage à Fanny : cas de l'anorexie. Il s'agit de flux alimentaires, mais en conjonction avec d'autres flux, flux vestimentaires par exemple (l'élégance proprement anorexique, la trinité de Fanny : Virginia Woolf, Murnau, Kay Kendall). L'anorexique se compose un corps sans organes avec des vides et des pleins. Alternance de bourrage et de vidage : les dévorations anorexiques, les absorptions de boissons gazeuses. Il ne faudrait même pas parler d'alternance : le vide et le plein sont comme les deux seuils d'intensité, il s'agit toujours de flotter dans son propre corps. Il ne s'agit pas d'un refus du corps, il s'agit d'un refus de l'organisme, d'un refus de ce que l'organisme fait subir au corps. Pas du tout régression, mais involution, corps involué. Le vide anorexique n'a rien à voir avec un manque, c'est au contraire une manière d'échapper à la détermination organique du manque et de la faim, à l'heure mécanique du repas. Il y a tout un plan de composition de l'anorexique, pour se faire un corps anorganique (ce qui ne veut pas dire asexué : au contraire devenir-femme de tout anorexique). L'anorexie est une politique, une micro-politique : échapper aux normes de la consommation, pour ne pas être soi-même objet de consommation. C'est une protestation féminine, d'une femme qui veut avoir un fonctionnement de corps, et pas seulement des fonctions organiques et sociales qui la livrent à la dépendance. Elle retournera la consommation contre elle-même : elle sera souvent mannequin — elle sera souvent cuisinière, cuisinière volante, elle fera manger les autres, ou bien elle aimera être à table sans manger, ou bien en multipliant l'absorption des petites choses, des petites substances. Cuisinière-mannequin, un mélange qui ne peut exister que dans cet agencement, ce régime, ou bien qui va se dissoudre dans d'autres. Son but, c'est arracher à la nourriture des particules, de minuscules particules dont elle pourra faire aussi bien son vide que son plein, suivant qu'elle les émet ou les reçoit. L'anorexique est un passionné : il vit de plusieurs façons la trahison ou le double détournement. Il trahit la faim, parce que la faim le trahit, en l'asservissant à l'organisme; il trahit la famille parce que la famille le trahit en l'asservissant au repas familial et à toute une politique de la famille et de la consommation (y substituer une consommation ininterrompue, mais neutralisée, aseptisée); enfin il trahit l'aliment, parce que l'aliment est traître par nature (idée de l'anorexique, que l'aliment est plein de larves et de poisons, vers et bactéries, essentiellement impur, d'où nécessité d'en choisir et d'en extraire des particules, ou d'en recracher). J'ai une faim de loup, dit-elle en se précipitant sur deux « yaourts sveltesse ». Trompe-la-faim, trompe-la-famille, trompe-l'aliment. Bref, l'anorexie est une histoire de politique : être l'involué de l'organisme, de la famille ou d'une société de consommation. Il y a politique dès qu'il y a continuum d'intensités (le vide et le plein anorexique), émission et captation de particules d'aliments (constitution d'un corps sans organes, par opposition à la diététique ou au régime organique), et surtout conjugaison de flux (le flux alimentaire entre en rapport avec un flux vestimentaire, un flux de langage, un flux de sexualité : tout un devenir-femme moléculaire chez l'anorexique, qu'il soit homme ou femme). C'est ce que nous appelons un régime de signes. Il ne s'agit surtout pas d'objets partiels. C'est vrai que la psychiatrie ou la psychanalyse ne comprennent pas, parce qu'elles rabattent tout sur un code neuro-organique, ou symbolique (« manque, manque... »). Alors surgit l'autre question : pourquoi l'agencement anorexique risque-t-il tant de dérailler, de devenir mortifère ? quels dangers ne cesse-t-il pas de frôler, et dans lesquels il tombe ? C'est une question qu'il faut prendre d'une autre manière que la psychnalyse : il faut chercher quels sont les dangers qui surviennent *au milieu* d'une expérimentation réelle, et non pas le manque qui préside à une interprétation pré-établie. Les gens sont toujours au milieu d'une entreprise, où rien ne peut être assigné comme originaire. Toujours des choses qui se croisent, jamais des choses qui se réduisent. Une cartographie, jamais une symbolique.

Cette digression sur l'anorexie, nous pensions qu'elle devait rendre les choses plus claires. Peut-être au contraire ne faut-il pas multiplier les exemples, parce qu'il y en a une infinité, et dans des directions diverses. L'anorexie prendra de plus en plus d'importance, par contrecoup. En premier lieu, nous devons distinguer dans un régime de signes *la machine abstraite qui le définit, et les agencements concrets dans lequel il entre* : ainsi la machine de subjectivation, et les agencements qui l'effectuent, dans l'histoire des Hébreux, mais aussi bien dans le courant d'un délire passionnel, dans la construction d'une œuvre, etc. Entre ces agencements, qui opèrent dans des milieux très différents, à des époques très différentes, il n'y aura aucune dépendance causale, mais des branchements mutuels, des « voisinages » indépendants de la distance ou de la proximité spatio-temporelles. Le même plan sera pris et repris à des niveaux très différents, suivant que les choses se passent sur « mon » corps, sur un corps social, un corps géographique (mais mon corps aussi est une géographie, ou un peuple, et des peuples). Non pas que chacun reproduise un fragment de l'histoire universelle; mais nous sommes toujours dans une zone d'intensité ou de flux, commune à notre entreprise, à une entreprise mondiale très éloignée, à des milieux géographiques très lointains. D'où un secret du délire : il hante certaines régions de l'histoire qui ne sont pas arbitrairement choisies, le délire n'est pas personnel ou familial, il est historico-mondial (« je suis une bête, un nègre... je rêvais croisades, voyages de découvertes dont on n'a pas de relations, républiques sans histoires, guerres de religion étouffées, révolution de mœurs, déplacements de races et de continents »). Et les régions de l'histoire hantent les délires et les œuvres, sans qu'on puisse établir des rapports de causalité ni de symbolisme. Il peut y avoir un désert du corps hypocondriaque, une steppe du corps anorexique, une capitale du corps paranoïaque : ce ne sont pas des métaphores entre sociétés et organismes, mais des collectifs sans organes qui s'effectuent dans un peuple, une société, un milieu ou un « moi ». La même machine abstraite dans des agencements très différents. On ne cesse pas de refaire l'histoire, mais inversement, celle-ci ne cesse pas d'être faite par chacun de nous, sur son propre corps. Quel personnage auriez-vous voulu être, à quelle époque, vivre? et si vous étiez une plante, ou un paysage? Mais tout cela, vous l'êtes déjà, vous vous trompez seulement dans les réponses. Vous êtes toujours un agencement pour une machine abstraite, qui s'effectue ailleurs dans d'autres agencements. Vous êtes toujours au milieu de quelque chose, plante, animal ou paysage. On connaît ses proches et ses semblables, jamais ses voisins, qui peuvent être d'une autre planète, qui sont toujours d'une autre planète. Seuls les voisins comptent. L'histoire est une introduction au délire, mais à charge de revanche, le délire, seule introduction à l'histoire.

En second lieu, il y a une infinité de régimes de signes. Nous en avons retenu deux, très limités : Régime signifiant, supposé s'effectuer dans un agencement despotique impérial, et aussi, sous d'autres conditions, dans un agencement paranoïaque interprétatif — Régime subjectif, supposé s'effectuer dans un agencement autoritaire contractuel, et aussi dans un agencement monomanique passionnel ou revendicateur. Mais il y en a tellement d'autres, à la fois au niveau des machines abstraites et de leurs agencements. L'anorexie même esquissait un autre régime que nous n'avons réduit à ce schéma que par commodité. Les régimes de signes sont innombrables : sémiotiques multiples des « primitifs », sémiotiques des nomades (et ceux du désert ne sont pas les mêmes que ceux de la steppe, et le voyage des Hébreux est encore autre chose), sémiotique des sédentaires (et combien de combinaisons sédentaires, et sédentaire-nomade). La signifiance et le signifiant n'ont aucun privilège. A la fois : il faudrait étudier tous les régimes de signes purs, du point de vue des machines abstraites qu'ils mettent en jeu; et aussi, tous les agencements concrets, du point de vue des mélanges qu'ils opèrent. Une sémiotique concrète est un mixte, un mélange de plusieurs régimes de signes. Toutes les sémiotiques concrètes sont du petit nègre ou du javanais. Les Hébreux sont à cheval sur une sémiotique nomade, qu'ils transforment profondément, et une sémiotique impériale qu'ils rêvent de restaurer sur de nouvelles bases, en reconstituant le temple. Dans le délire, il n'y a pas de passionnel pur, s'y joint toujours un germe paranoïaque (Clérambault, le psychiatre qui a le mieux distingué les deux formes de délire, insistait déjà sur leur mixité). Si l'on considère un détail, comme la fonction-visage dans des sémiotiques de peinture, on voit bien comment se font les mélanges : Jean Paris montrait que le visage impérial byzantin, vu de face, laissait plutôt la profondeur hors du tableau, entre le tableau et le spectateur; tandis que le Quattrocento intégrera la profondeur en affectant le visage d'un coefficient de profil ou même de détournement; mais un tableau comme *l'Appel à Tibériade* de Duccio opère un mixte où l'un des disciples témoigne encore du visage byzantin, tandis que l'autre entre avec le Christ dans un rapport proprement passionnel [1]. Que dire de vastes agencements comme « capitalisme » ou « socialisme »? C'est l'économie de chacun, et son financement, qui mettent en jeu des types de régimes de signes et de machines abstraites très diverses. La psychanalyse pour son compte est incapable d'analyser les régimes de signes, parce qu'elle est elle-même un mixte qui procède à la fois par signifiance et par subjectivation, sans s'apercevoir du caractère composite de sa démarche (ses opérations procèdent par signifiance despotique infinie, tandis que ses organisations sont passionnelles, instituant une série illimitée de procès linéaires où chaque fois le psychanalyste, le même ou un nouveau, joue le rôle de « point de subjectivation », avec détournement des visages : la psychanalyse, doublement interminable). Une sémiotique générale devrait donc avoir une première composante, *générative*; mais il s'agirait seule-

1. Jean Paris, *L'Espace et le regard,* éd. du Seuil.

ment de montrer comment un agencement concret met en jeu plusieurs régimes de signes purs ou plusieurs machines abstraites, les faisant jouer dans les rouages les unes des autres. Une seconde composante serait *transformationnelle*; mais alors, il s'agirait de montrer comment un régime de signes pur peut se traduire dans un autre, avec quelles transformations, quels résidus inassimilables, quelles variations et innovations. Ce second point de vue serait plus profond, puisqu'il montrerait, non plus seulement comment des sémiotiques se mélangent, mais comment de nouvelles sémiotiques se détachent et se créent, ou comment les machines abstraites sont elles-mêmes capables de mutations, inspirant de nouveaux agencements.

En troisième lieu, un régime de signes ne se confond jamais avec le langage ni avec une langue. On peut toujours déterminer des fonctions organiques abstraites qui supposent le langage (information, expression, signification, actation, etc.). On peut même concevoir, à la manière de Saussure et surtout de Chomsky, une machine abstraite qui ne suppose rien connu de la langue : on postule une homogénéité et une invariance, que les invariants soient conçus comme structuraux ou « génétiques » (codage héréditaire). Une telle machine peut intégrer les régimes proprement syntaxiques ou même sémantiques, elle repoussera dans une sorte de dépotoir nommé « pragmatique » les variables et agencements très divers qui travaillent une même langue. A une telle machine, on ne reprochera pas d'être abstraite, mais au contraire de ne pas l'être assez. Car ce ne sont pas les fonctions organiques du langage, ni même un « organon » de la langue, qui déterminent les régimes de signes. Au contraire, ce sont les régimes de signes (pragmatique) qui fixent les agencements collectifs d'énonciation dans une langue comme flux d'expression, en même temps que les agencements machiniques de désir dans les flux de contenu. Si bien qu'une langue n'est pas moins un flux hétérogène en elle-même, qu'elle n'est en rapport de présupposition réciproque avec des flux hétérogènes, entre eux et avec elle. Une machine abstraite n'est jamais langagière, mais taille des conjugaisons, des émissions et des continuations de flux tout à fait divers.

Il n'y a pas de fonctions de langage ni d'organe ou corpus de la langue, mais des fonctionnements machiniques avec des agencements collectifs. La littérature, AFFAIRE DU PEUPLE, pourquoi le plus solitaire peut-il dire cela, Kafka ? La pragmatique est appelée à prendre sur soi toute la linguistique. Qu'est-ce que fait Roland Barthes, dans sa propre évolution concernant la sémiotique — il est parti d'une conception du « signifiant », pour devenir de plus en plus « passionnel », puis semble élaborer un régime à la fois ouvert et secret, d'autant plus collectif qu'il est le sien : sous les apparences d'un lexique personnel, un réseau syntaxique affleure, et sous ce réseau, une pragmatique de particules et de flux, comme une cartographie renversable, modifiable, coloriable de toutes sortes de façons. Faire un livre qu'il faudrait colorier mentalement, c'est déjà cela que Barthes trouvait peut-être chez Loyola : ascèse linguistique. Il a l'air de « s'expliquer lui-même », en réalité il fait une pragmatique de la langue. Félix Guattari a écrit un texte sur les principes linguistiques suivants, qui recoupent à leur manière certaines thèses de Weinreich et surtout de Labov : 1° c'est la pragmatique qui est l'essentiel, parce qu'elle est la véritable politique, la micro-politique du langage ; 2° il n'y a pas d'universaux ni d'invariants de la langue, ni de « compétence » distincte des « performances » ; 3° il n'y a pas de machine abstraite intérieure à la langue, mais des machines abstraites qui donnent à une langue tel agencement collectif d'énonciation (il n'y a pas de « sujet » d'énonciation), en même temps qu'elles donnent au contenu tel agencement machinique de désir (il n'y a pas de signifiant du désir) ; 4° il y a donc plusieurs langues dans une langue, en même temps que toutes sortes de flux dans les contenus émis, conjugués, continués. La question n'est pas « bilingue »,

« multilingue », la question est que toute langue est tellement bilingue en elle-même, multilingue en elle-même, qu'on peut bégayer dans sa propre langue, être étranger dans sa propre langue, c'est-à-dire pousser toujours plus loin les pointes de déterritorialisation des agencements. Une langue est traversée de lignes de fuite qui emportent son vocabulaire et sa syntaxe. Et l'abondance du vocabulaire, la richesse de la syntaxe ne sont que des moyens au service d'une ligne qui se juge au contraire par sa sobriété, sa concision, son abstraction même : une ligne involutive non appuyée qui détermine les méandres d'une phrase ou d'un texte, qui traverse toutes les redondances et crève les figures de style. C'est la ligne pragmatique, de gravité ou de célérité, dont l'idéale pauvreté commande à la richesse des autres.

Il n'y a pas de fonctions de langage, mais des régimes de signes qui conjuguent à la fois des flux d'expression et des flux de contenu, déterminant sur ceux-ci des agencements de désir, sur ceux-là des agencements d'énonciation, les uns pris dans les autres. Le langage n'est jamais le seul flux d'expression; et un flux d'expression n'est jamais seul, mais toujours en rapport avec des flux de contenu déterminés par le régime de signes. Quand on considère le langage tout seul, on ne fait pas une véritable abstraction, on se prive au contraire des conditions qui rendraient possible l'assignation d'une machine abstraite. Quand on considère un flux d'écriture tout seul, il ne peut que tourner sur soi, tomber dans un trou noir où l'on n'entend plus à l'infini que l'écho de la question « qu'est-ce qu'écrire ? qu'est-ce qu'écrire ? », sans que jamais rien n'en sorte. Ce que Labov découvre dans la langue comme variation immanente, irréductible à la structure comme au développement, nous semble renvoyer à des états de conjugaison des flux, dans le contenu et dans l'expression [1]. Quand

---

1. Cf. le livre essentiel de W. Labov, *Sociolinguistique*, éd. de Minuit.

un mot prend un autre sens, ou même entre dans une autre syntaxe, on peut être sûr qu'il a croisé un autre flux ou qu'il s'est introduit dans un autre régime de signes (par exemple le sens sexuel que peut prendre un mot venu d'ailleurs, ou inversement). Il ne s'agit jamais de métaphore, il n'y a pas de métaphore, mais seulement des conjugaisons. La poésie de François Villon : conjugaison des mots avec trois flux, vol, homosexualité, jeu [1]. L'extraordinaire tentative de Louis Wolfson, « le jeune étudiant en langues schizophrénique », se réduit mal aux considérations psychanalytiques et linguistiques habituelles : la manière dont il traduit *à toute vitesse* la langue maternelle dans un mélange d'autres langues — cette manière non pas de sortir de la langue maternelle, puisqu'il en conserve le sens et le son, mais de la faire fuir ou de la déterritorialiser — est strictement inséparable du flux anorexique d'alimentation, de la manière dont il arrache à ce flux des particules, les compose à toute vitesse, les conjugue avec les particules verbales arrachées à la langue maternelle [2]. Emettre des particules verbales qui entrent dans le « voisinage » de particules alimentaires, etc.

Ce qui spécifierait une pragmatique de la langue, par rapport aux aspects syntaxique et sémantique, ce ne serait donc pas du tout son rapport à des déterminations psychologiques ou de situation, des circonstances ou des intentions, mais plutôt le fait qu'elle aille au plus abstrait dans l'ordre des composantes machiniques. On dirait que les régimes de signes renvoient simultanément à deux systèmes de coordonnées. Ou bien les agencements qu'ils déterminent sont rabattus sur une composante principale comme organisation de pouvoir, avec ordre établi et significations dominantes (ainsi la signifiance despotique, le sujet d'énonciation passionnel, etc.); ou bien ils seront pris dans le mouvement qui conjugue toujours plus loin leurs lignes de fuite,

1. Pierre Guiraud, *Le Jargon de Villon*, éd. Gallimard.
2. Louis Wolfson, *Le Schizo et les langues*, éd. Gallimard.

et leur fait découvrir de nouvelles connotations ou orientations, creusant toujours une autre langue dans une langue. Ou bien la machine abstraite sera surcodante, elle surcodera tout l'agencement avec un signifiant, avec un sujet, etc.; ou bien elle sera mutante, mutationnelle, et découvrira sous chaque agencement la pointe qui défait l'organisation principale, et fait filer l'agencement dans un autre. Ou bien tout se rapporte à un *plan d'organisation et de développement* structural ou génétique, forme ou sujet; ou bien tout se lance sur un *plan de consistance* qui n'a plus que des vitesses différentielles et des heccéités. D'après un système de coordonnées, on peut toujours dire que la langue américaine contamine aujourd'hui toutes les langues, impérialisme; mais d'après l'autre référence, c'est l'anglo-américain qui se trouve contaminé par les régimes les plus divers, black-english, yellow, red ou white english, et qui fuit de partout, New York, ville sans langage. Pour rendre compte de ces alternatives, il faut introduire une troisième composante qui n'est plus seulement générative et transformationnelle, mais *diagrammatique ou pragmatique*. Il faut dans chaque régime et dans chaque agencement découvrir la valeur propre des lignes de fuite existantes : comment ici elles sont frappées d'un signe négatif, comment là-bas elles acquièrent une positivité, mais sont découpées, négociées en procès successifs, comment ailleurs elles tombent dans des trous noirs, comment ailleurs encore elles passent au service d'une machine de guerre, ou bien comment elles animent une œuvre d'art. Et comme elles sont tout cela à la fois, faire à chaque instant le diagramme, la cartographie de ce qui est bouché, surcodé, ou au contraire mutant, en voie de libération, en train de tracer tel ou tel morceau pour un plan de consistance. Le diagrammatisme consiste à pousser la langue jusqu'à ce plan où la variation « immanente » ne dépend plus d'une structure ou d'un développement, mais de la conjugaison des flux mutants, de leurs compositions de vitesse, de leurs combinaisons de particules (au point où des particules alimentaires, sexuelles, verbales, etc., atteignent leur zone de voisinage ou d'indiscernabilité : machine abstraite).

[Note G.D. : je me dis que c'est cela que je voulais faire quand j'ai travaillé sur des écrivains, Sacher-Masoch, Proust ou Lewis Carroll. Ce qui m'intéressait, ou aurait dû m'intéresser, ce n'était ni la psychanalyse ou la psychiatrie, ni la linguistique, mais les régimes de signes de tel ou tel auteur. Ce n'est devenu net pour nous que quand Félix est intervenu, et que nous avons fait un livre sur Kafka. Mon idéal, quand j'écris sur un auteur, ce serait de ne rien écrire qui puisse l'affecter de tristesse, ou, s'il est mort, qui le fasse pleurer dans sa tombe : penser *à* l'auteur sur lequel on écrit. Penser à lui si fort qu'il ne puisse plus être un objet, et qu'on ne puisse pas non plus s'identifier à lui. Eviter la double ignominie du savant et du familier. Rapporter à un auteur un peu de cette joie, de cette force, de cette vie amoureuse et politique, qu'il a su donner, inventer. Tant d'écrivains morts ont dû pleurer de ce qu'on écrivait sur eux. J'espère que Kafka s'est réjoui du livre que nous avons fait sur lui, et c'est pour ça que ce livre n'a réjoui personne.]

La *critique* et la *clinique* devraient se confondre strictement; mais la critique serait comme le tracé du plan de consistance d'une œuvre, un crible qui dégagerait les particules émises ou captées, les flux conjugués, les devenirs en jeu; la clinique, conformément à son sens exact, serait le tracé des lignes sur le plan, ou la manière dont ces lignes tracent le plan, lesquelles sont en impasse ou bouchées, lesquelles traversent des vides, lesquelles se continuent, et surtout la ligne de plus grande pente, comment elle entraîne les autres, vers quelle destination. Une clinique sans psychanalyse ni interprétation, une critique sans linguistique ni signifiance. La critique, art des conjugaisons, comme la clinique, art des déclinaisons. Il s'agirait seulement de savoir :

1° La fonction du nom propre (le nom propre, ici, ne

désigne justement pas une personne en tant qu'auteur ou sujet d'énonciation, il désigne un agencement ou des agencements; le nom propre opère une individuation par « heccéité », pas du tout par subjectivité). Charlotte Brontë qualifie un état des vents plutôt qu'une personne, Virginia Woolf qualifie un état des règnes, des âges et des sexes. Il arrive qu'un agencement existe depuis longtemps, avant qu'il reçoive son nom propre qui lui donne une consistance particulière comme s'il se détachait alors d'un régime plus général pour prendre une sorte d'autonomie : ainsi « sadisme », « masochisme ». Pourquoi à tel moment le nom propre isole-t-il un agencement, pourquoi en fait-il un régime de signes particulier, suivant une composante *transformationnelle?* Pourquoi n'y a-t-il pas aussi « nietzchéisme », « proustisme », « kafkaïsme », « spinozisme », suivant une clinique généralisée, c'est-à-dire une sémiologie des régimes de signes, anti-psychiatrique, anti-psychanalytique, anti-philosophique? Et que va devenir un régime de signes, isolé, nommé, dans le courant clinique qui l'entraîne? Ce qui est fascinant dans la médecine, c'est qu'un nom propre de médecin puisse servir à désigner un ensemble de symptômes : Parkinson, Roger... C'est là que le nom propre devient nom propre ou trouve sa fonction. C'est que le médecin a fait un nouveau groupement, une nouvelle individuation de symptômes, une nouvelle heccéité, a dissocié des régimes confondus jusqu'alors, a réuni des séquences de régimes séparés jusqu'alors [1]. Mais quelle différence entre le médecin et le malade? C'est le malade aussi qui donne son nom propre. C'est l'idée de Nietzsche : l'écrivain, l'artiste comme médecin-malade d'une civilisation. Plus vous ferez votre propre régime de signes, moins vous serez une personne ou un sujet, plus vous serez un « collectif » qui en rencontre d'autres, qui se conjugue et se

---

1. Le seul livre qui pose ce problème, par exemple dans l'histoire de la médecine, nous paraît être celui de Cruchet, *De la méthode en médecine,* P.U.F.

croise avec d'autres, réactivant, inventant, futurant, opérant des individuations non personnelles.

2° Un régime de signes n'est pas plus déterminé par la linguistique que par la psychanalyse. Au contraire, c'est lui qui va déterminer tel agencement d'énonciation dans les flux d'expression, tel agencement de désir dans les flux de contenu. Et par contenu, nous n'entendons pas seulement ce dont parle un écrivain, ses « sujets », au double sens des thèmes qu'il traite et des personnages qu'il met en scène, mais bien plutôt tous les états de désir intérieurs ou extérieurs à l'œuvre, et qui se composent avec elle, en « voisinage ». Ne jamais considérer un flux tout seul; la distinction contenu-expression est même tellement relative qu'il arrive qu'un flux de contenu passe dans l'expression, dans la mesure où il entre dans un agencement d'énonciation par rapport à d'autres flux. Tout agencement est collectif, puisqu'il est fait de plusieurs flux qui emportent les personnes et les choses, et ne se divisent ou ne se rassemblent qu'en multiplicités. Par exemple, chez Sacher-Masoch, le flux de douleur et d'humiliation a pour expression un agencement contractuel, les contrats de Masoch, mais ces contrats sont aussi des contenus par rapport à l'expression de la femme autoritaire ou despotique. Chaque fois, nous devons demander avec quoi le flux d'écriture est en rapport. Ainsi la lettre d'amour comme agencement d'énonciation : c'est très important, une lettre d'amour, nous avons essayé de la décrire et de montrer comment elle fonctionnait, et en rapport avec quoi, à propos de Kafka — la première tâche serait d'étudier les régimes de signes employés par un auteur, et quels mixtes il opère *(composante générative)*. Pour en rester aux deux grands cas sommaires que nous avons distingués, le régime signifiant despotique et le régime passionnel subjectif, comment ils se combinent chez Kafka — le Château comme centre despotique irradiant, mais aussi comme succession de Procès finis dans une suite de pièces contiguës. Comment ils se combinent autrement chez Proust : par rapport à Charlus, noyau d'une galaxie dont les spirales comportent énoncés et contenus; par rapport à Albertine, qui passe au contraire par une série de procès linéaires finis, procès de sommeils, procès de jalousies, procès d'emprisonnements. Il y a peu d'auteurs autant que Proust qui aient fait jouer une multitude de régimes de signes pour en composer son œuvre. Chaque fois aussi de nouveaux régimes sont engendrés, où ce qui était expression dans les précédents devient contenu par rapport aux nouvelles formes d'expression; un nouvel usage de la langue creuse dans le langage une nouvelle langue *(composante transformationnelle)*.

3° Mais l'essentiel est enfin la manière dont tous ces régimes de signes filent suivant une ligne de pente, variable avec chaque auteur, tracent un plan de consistance ou de composition, qui caractérise telle œuvre ou tel ensemble d'œuvres : non pas un plan dans l'esprit, mais un plan réel immanent non préexistant, qui recoupe toutes les lignes, intersection de tous les régimes *(composante diagrammatique)* : la Vague de Virginia Woolf, l'Hypersphère de Lovecraft, la Toile d'araignée de Proust, le Programme de Kleist, la fonction-K de Kafka, la Rhizosphère... c'est là qu'il n'y a plus du tout de distinction assignable entre contenu et expression; on ne peut plus savoir si c'est un flux de mots ou d'alcool, tant on se soûle à l'eau pure, mais aussi tant on parle avec des « matériaux plus immédiats, plus fluides, plus ardents que les mots »; on ne peut plus savoir si c'est un flux alimentaire ou verbal, tant l'anorexie est un régime de signes, et les signes, un régime de calories (agression verbale quand quelqu'un, trop tôt le matin, brise le silence; le régime alimentaire de Nietzsche, de Proust ou de Kafka, c'est aussi une écriture, et ils la comprennent ainsi; manger-parler, écrire-aimer, jamais vous ne saisirez un flux tout seul). Il n'y a plus d'un côté des particules, et, de l'autre, des syntagmes, il n'y a que des *particles* qui entrent dans le voisinage les uns des autres, suivant un plan d'immanence. « L'idée m'est venue, dit Virginia Woolf, que ce que je voudrais faire maintenant, c'est saturer chaque atome. » Et là encore, il n'y a plus de formes qui s'organisent en fonction d'une structure, ni qui se développent en fonction d'une genèse; il n'y a pas davantage de sujets, personnes ou caractères qui se laissent assigner, former, développer. Il n'y a plus que des particules, des particles qui se définissent uniquement par des rapports de mouvement et de repos, de vitesse et de lenteur, des compositions de vitesses différentielles (et ce n'est pas forcément la vitesse qui gagne, et ce n'est pas forcément la lenteur qui est la moins rapide). Il n'y a plus que des heccéités, individuations précises et sans sujet, qui se définissent uniquement par des affects ou des puissances (et ce n'est pas forcément le plus fort qui gagne, ce n'est pas lui le plus riche en affects). Ce qui est important pour nous dans Kafka, c'est justement la manière dont, à travers tous les régimes de signes qu'il utilise ou pressent (capitalisme, bureaucratie, fascisme, stalinisme, toutes les « puissances diaboliques de l'avenir »), il les fait fuir ou filer sur un plan de consistance qui est comme le champ immanent du désir, toujours inachevé, mais jamais manquant ni légiférant, ni subjectivant. Littérature? Mais voilà que Kafka met la littérature en rapport immédiat avec une machine de minorité, un nouvel agencement collectif d'énonciation pour l'allemand (un agencement de minorités dans l'empire autrichien, c'était déjà, d'une autre façon, l'idée de Masoch). Voilà que Kleist met la littérature en rapport immédiat avec une machine de guerre. Bref, la critique-clinique doit suivre la ligne de plus grande pente d'une œuvre, en même temps qu'atteindre à son plan de consistance. Nathalie Sarraute faisait une distinction très importante quand elle opposait, à l'organisation des formes et au développement des personnages ou caractères, ce tout autre plan parcouru par les particules d'une matière inconnue, « et qui, telles des gouttelettes de mercure, tendent sans cesse, à travers les enveloppes qui les séparent, à se rejoindre et à se mêler dans une masse commune¹ » : agencement collectif d'énonciation, ritournelle déterritorialisée, plan de consistance du désir, où le nom propre atteint à sa plus haute individualité en perdant toute personnalité — devenir-imperceptible, *Joséphine la souris*.

---

1. Nathalie Sarraute, *L'Ere du soupçon,* éd. Gallimard, p. 52.

CHAPITRE IV

POLITIQUES

PREMIERE PARTIE

Individus ou groupes, nous sommes faits de lignes, et ces lignes sont de nature très diverse. La première sorte de ligne qui nous compose est segmentaire, à segmentarité dure (ou plutôt il y a déjà beaucoup de lignes de cette sorte); la famille-la profession; le travail-les vacances; la famille-et puis l'école-et puis l'armée-et puis l'usine-et puis la retraite. Et chaque fois, d'un segment à l'autre, on nous dit : maintenant tu n'es plus un bébé; et à l'école, ici tu n'es plus comme en famille; et à l'armée, là ce n'est plus comme à l'école... Bref, toutes sortes de segments bien déterminés, dans toutes sortes de directions, qui nous découpent en tous sens, des paquets de lignes segmentarisées —. En même temps, nous avons des lignes de segmentarité beaucoup plus souples, en quelque sorte moléculaires. Non pas qu'elles soient plus intimes ou personnelles, car elles traversent les sociétés, les groupes autant que les individus. Elles tracent de petites modifications, elles font des détours, elles esquissent des chutes ou des élans : elles ne sont pourtant pas moins précises, elles dirigent même des processus irréversibles. Mais plutôt que des lignes molaires à segments, ce sont des flux moléculaires à seuils ou quanta. *Un seuil est franchi, qui ne coïncide pas forcément avec un segment des lignes plus visibles.* Il se passe beaucoup de choses sur cette seconde sorte de lignes, des devenirs, des micro-devenirs, qui n'ont pas le même rythme que notre « histoire ». C'est pourquoi, si pénibles, les histoires de famille, les repérages, les remémorations, tandis que tous nos vrais changements passent ailleurs, une autre politique, un autre temps, une autre individuation. Un métier, c'est un segment dur, mais aussi qu'est-ce qui passe là-dessous, quelles connexions, quelles attirances et répulsions qui ne coïncident pas avec les segments, quelles folies secrètes et pourtant en rapport avec les puissances publiques : par exemple être professeur, ou bien juge, avocat, comptable, femme de ménage ? — En même temps encore, il y a comme une troisième sorte de ligne, celle-là encore plus étrange : comme si quelque chose nous emportait, à travers nos segments, mais aussi à travers nos seuils, vers une destination inconnue, pas prévisible, pas préexistante. Cette ligne est simple, abstraite, et pourtant c'est la plus compliquée de toutes, la plus tortueuse : c'est la ligne de gravité ou de célérité, c'est la ligne de fuite et de plus grande pente (« la ligne que doit décrire le centre de gravité est certes très simple, et, à ce qu'il croyait, droite dans la plupart des cas... mais d'un autre point de vue, cette ligne a quelque chose d'excessivement mystérieux, car, selon lui, elle n'est rien d'autre que le cheminement de l'âme du danseur [1]... »). Cette ligne a l'air de surgir après, de se détacher des deux autres, si même elle arrive à se détacher. Car peut-être y a-t-il des gens qui n'ont pas cette ligne, qui n'ont que les deux autres, ou qui n'en ont qu'une, qui ne vivent que sur une. Pourtant, d'une autre façon, cette ligne est là de tout temps, bien qu'elle soit le contraire d'un destin : elle n'a pas à se détacher des autres, elle serait plutôt première, les autres en dériveraient. En tout cas les trois lignes sont immanentes, prises les unes dans les autres. Nous avons autant de lignes enchevêtrées qu'une main. Nous sommes autrement compliqués qu'une main. Ce que nous appelons de

---

1. Kleist, *Du théâtre de marionnettes*.

noms divers — schizo-analyse, micro-politique, pragmatique, diagrammatisme, rhizomatique, cartographie — n'a pas d'autre objet que l'étude de ces lignes, dans des groupes ou des individus.

Dans une nouvelle admirable, Fitzgerald explique qu'une vie va toujours à plusieurs rythmes, à plusieurs vitesses [1]. Comme Fitzgerald est un drame vivant, et définit la vie par un processus de démolition, son texte est noir, pas moins exemplaire pour cela, inspirant l'amour à chaque phrase. Jamais il n'a eu autant de génie que quand il a parlé de sa perte de génie. Donc il dit qu'il y a d'abord pour lui de grands segments : riche-pauvre, jeune-vieux, succès-perte de succès, santé-maladie, amour-tarissement, créativité-stérilité, en rapport avec des événements sociaux (crise économique, krach boursier, montée du cinéma qui remplace le roman, formation du fascisme, toutes sortes de choses hétérogènes au besoin, mais dont les segments se répondent et se précipitent). Fitzgerald appelle cela des *coupures,* chaque segment marque ou peut marquer une coupure. C'est un type de ligne, la ligne segmentarisée, qui nous concerne tous à telle date, en tel lieu. Qu'elle aille vers la dégradation ou la promotion, ne change pas grand chose (une vie réussie sur ce mode-là n'est pas meilleure, le rêve américain est autant commencer balayeur pour devenir milliardaire que l'inverse, les mêmes segments). Et Fitzgerald dit autre chose, en même temps : il y a des lignes de *fêlure,* qui ne coïncident pas avec les lignes de grandes coupures segmentaires. Cette fois, on dirait qu'une assiette se fêle. Mais c'est plutôt quand tout va bien, ou tout va mieux sur l'autre ligne, que la fêlure se fait sur cette nouvelle ligne, secrète, imperceptible, marquant un seuil de diminution de résistance, ou la montée d'un seuil d'exigence : on ne supporte plus ce qu'on supportait auparavant, hier encore; la répartition des désirs a changé en nous,

---

1. Fitzgerald, *La Fêlure,* éd. Gallimard.

nos rapports de vitesse et de lenteur se sont modifiés, un nouveau type d'angoisse nous vient, mais aussi une nouvelle sérénité. Des flux ont mué, c'est quand votre santé est meilleure, votre richesse plus assurée, votre talent plus affirmé, que se fait le petit craquement qui va faire obliquer la ligne. Ou bien l'inverse : vous vous mettez à aller mieux quand tout craque sur l'autre ligne, immense soulagement. Ne plus supporter quelque chose peut être un progrès, mais ça peut aussi être une peur de vieillard, ou le développement d'une paranoïa. Ça peut être une estimation politique ou affective, parfaitement juste. On ne change pas, on ne vieillit pas de la même manière, d'une ligne à l'autre. La ligne souple n'est pourtant pas plus personnelle, plus intime. Les micro-fêlures sont collectives aussi, non moins que les macro-coupures, personnelles. — Et puis Fitzgerald parle encore d'une troisième ligne, qu'il appelle de *rupture*. On dirait que rien n'a changé, et pourtant tout a changé. Assurément ce ne sont pas les grands segments, changements ou même voyages, qui font cette ligne; mais ce ne sont pas non plus les mutations plus secrètes, les seuils mobiles et fluents, bien que ceux-ci s'en rapprochent. On dirait plutôt qu'un seuil « absolu » a été atteint. Il n'y a plus de secret. On est devenu comme tout le monde, mais justement on a fait de « tout-le-monde » un *devenir*. On est devenu imperceptible, clandestin. On a fait un curieux voyage immobile. Malgré les tons différents, c'est un peu comme Kierkegaard décrit le chevalier de la foi, JE NE REGARDE QU'AUX MOUVEMENTS[1] : le chevalier n'a plus les segments de la résignation, mais il n'a pas non plus la souplesse d'un poète ou d'un danseur, il ne se fait pas voir, il ressemblerait plutôt à un bourgeois, un percepteur, un boutiquier, il danse avec tant de précision qu'on dirait qu'il ne fait que marcher ou même rester immobile, il se confond avec le mur, mais le mur est devenu vivant, il s'est

---

1. Kierkegaard, *Crainte et tremblement,* éd. Aubier (et la manière dont Kierkegaard, en fonction du mouvement, esquisse une série de scénarios qui appartiennent déjà au cinéma).

peint gris sur gris, ou comme la Panthère rose il a peint le monde à sa couleur, il a acquis quelque chose d'invulnérable, et il sait qu'en aimant, même en aimant et pour aimer, on doit se suffire à soi-même, abandonner l'amour et le moi... (c'est curieux comme Lawrence a écrit des pages semblables). Il n'est plus qu'une ligne abstraite, un pur mouvement difficile à découvrir, il ne commence jamais, il prend les choses par le milieu, il est toujours au milieu — au milieu des deux autres lignes? « Je ne regarde qu'aux mouvements. »

La cartographie que propose aujourd'hui Deligny quand il suit le parcours des enfants autistes : les lignes coutumières, et aussi les lignes souples, où l'enfant fait une boucle, trouve quelque chose, tape des mains, chantonne une ritournelle, revient sur ses pas, et puis les « lignes d'erre » enchevêtrées dans les deux autres [1]. Toutes ces lignes sont emmêlées. Deligny fait une géo-analyse, une analyse de lignes qui va son chemin loin de la psychanalyse, et qui ne concerne pas seulement les enfants autistes, mais tous les enfants, tous les adultes (voyez comme quelqu'un marche dans la rue, s'il n'est pas trop pris dans sa segmentarité dure, quelles petites inventions il y met), et pas seulement la marche, mais les gestes, les affects, le langage, le style. Il faudrait d'abord donner un statut plus précis aux trois lignes. Pour les lignes molaires de segmentarité dure, on peut indiquer un certain nombre de caractères qui expliquent leur agencement, ou plutôt leur fonctionnement dans les agencements dont elles font partie (et il n'y a pas d'agencement qui n'en comporte). Voilà donc à peu près les caractères de la première sorte de ligne.

1° Les segments dépendent de machines binaires, très diverses au besoin. Machines binaires de classes sociales, de sexes, homme-femme, d'âges, enfant-adulte, de races, blanc-noir, de secteurs, public-privé, de subjectivations, chez nous-pas de chez nous. Ces machines binaires sont

---

1. Fernand Deligny, *Cahiers de l'immuable,* éd. Recherches.

d'autant plus complexes qu'elles se recoupent, ou se heurtent les unes les autres, s'affrontent, et nous coupent nous-mêmes en toutes sortes de sens. Et elles ne sont pas sommairement dualistes, elles sont plutôt dichotomiques : elles peuvent opérer diachroniquement (si tu n'es ni *a* ni *b*, alors tu es *c* : le dualisme s'est transporté, et ne concerne plus des éléments simultanés à choisir, mais des choix successifs; si tu n'es ni blanc ni noir, tu es métis; si tu n'es ni homme ni femme, tu es travelo : chaque fois la machine des éléments binaires produira des choix binaires entre éléments qui n'entraient pas dans le premier découpage).

2° Les segments impliquent aussi des dispositifs de pouvoir, très divers entre eux, chacun fixant le code et le territoire du segment correspondant. Ce sont ces dispositifs dont Foucault a mené si loin l'analyse, en refusant d'y voir les simples émanations d'un appareil d'Etat préexistant. Chaque dispositif de pouvoir est un complexe code-territoire (n'approche pas de mon territoire, c'est moi qui commande ici...). M. de Charlus s'écroule chez Mme Verdurin, parce qu'il s'est aventuré hors de son territoire et que son code ne fonctionne plus. Segmentarité des bureaux contigus chez Kafka. C'est en découvrant cette segmentarité et cette hétérogénéité des pouvoirs modernes que Foucault a pu rompre avec les abstractions creuses de l'Etat et de « la » loi, et renouveler toutes les données de l'analyse politique. Non pas que l'appareil d'Etat n'ait pas de sens : il a lui-même une fonction très particulière, en tant qu'il surcode tous les segments, à la fois ceux qu'il prend sur soi à tel ou tel moment et ceux qu'il laisse à l'extérieur de soi. Ou plutôt l'appareil d'Etat est un agencement concret qui effectue la machine de surcodage d'une société. Cette machine à son tour n'est donc pas l'Etat lui-même, elle est la machine abstraite qui organise les énoncés dominants et l'ordre établi d'une société, les langues et les savoirs dominants, les actions et sentiments conformes, les segments qui l'emportent sur les autres.

La machine abstraite de surcodage assure l'homogénéisation des différents segments, leur convertibilité, leur traductibilité, elle règle les passages des uns aux autres, et sous quelle prévalence. Elle ne dépend pas de l'Etat, mais son efficacité dépend de l'Etat comme de l'agencement qui l'effectue dans un champ social (par exemple les différents segments monétaires, les différentes sortes de monnaie ont des règles de convertibilité, entre elles et avec les biens, qui renvoient à une banque centrale comme appareil d'Etat). La géométrie grecque a fonctionné comme une machine abstraite qui organisait l'espace social, sous les conditions de l'agencement concret du pouvoir de la cité. On demandera aujourd'hui quelles sont les machines abstraites de surcodage, qui s'exercent en fonction des formes d'Etat moderne. On peut même concevoir des « savoirs » qui font des offres de service à l'Etat, se proposant à son effectuation, prétendant fournir les meilleures machines en fonction des tâches ou des buts de l'Etat : aujourd'hui l'informatique ? mais aussi les sciences de l'homme ? Il n'y a pas de sciences d'Etat, mais il y a des machines abstraites qui ont des rapports d'interdépendance avec l'Etat. C'est pourquoi, sur la ligne de segmentarité dure, on doit distinguer les *dispositifs de pouvoir* qui codent les segments divers, la *machine abstraite* qui les surcode et règle leurs rapports, l'*appareil d'Etat* qui effectue cette machine.

3° Enfin, toute la segmentarité dure, toutes les lignes de segmentarité dure enveloppent un certain plan, qui concerne à la fois les formes et leur développement, les sujets et leur formation. *Plan d'organisation,* qui dispose toujours d'une dimension supplémentaire (surcodage). L'éducation du sujet et l'harmonisation de la forme n'ont pas cessé de hanter notre culture, d'inspirer les segmentations, les planifications, les machines binaires qui les coupent et les machines abstraites qui les recoupent. Comme dit Pierrette Fleutiaux, quand un contour se met à trembler, quand un segment vacille, on appelle la terrible Lunette à découper, le Laser, qui remet en ordre les formes, et les sujets à leur place [1].

Pour l'autre type de lignes, le statut semble tout à fait différent. Les segments n'y sont pas les mêmes, procédant par seuils, constituant des devenirs, des blocs de devenir, marquant des continuums d'intensité, des conjugaisons de flux. Les machines abstraites n'y sont pas les mêmes, mutantes et non surcodantes, marquant leurs mutations à chaque seuil et chaque conjugaison. Le plan n'est pas le même, *plan de consistance ou d'immanence* qui arrache aux formes des particules entre lesquelles il n'y a plus que des rapports de vitesse ou de lenteur, et aux sujets des affects qui n'opèrent plus que des individuations par « heccéité ». Les machines binaires ne mordent plus sur ce réel, non pas parce que changerait le segment dominant (telle classe sociale, tel sexe...), pas davantage parce que s'imposeraient des mixtes du type bisexualité, mélange de classes : au contraire parce que les lignes moléculaires font filer, entre les segments, des flux de déterritorialisation qui n'appartiennent plus à l'un ni à l'autre, mais constituent le devenir asymétrique des deux, sexualité moléculaire qui n'est plus celle d'un homme ou d'une femme, masses moléculaires qui n'ont plus le contour d'une classe, races moléculaires comme les petites lignées qui ne répondent plus aux grandes oppositions molaires. Il ne s'agit certes pas d'une synthèse des deux, d'une synthèse de 1 et de 2, mais d'un tiers qui vient toujours d'ailleurs et dérange la binarité des deux, ne s'inscrivant pas plus dans leur opposition que dans leur complémentarité. Il ne s'agit pas d'ajouter sur la ligne un nouveau segment aux segments précédents (un troisième sexe, une troisième classe, un troisième âge), mais de tracer une autre ligne au milieu de la ligne segmentaire, au milieu des segments, et qui les emportent suivant des vitesses et des lenteurs variables dans un mouvement de fuite ou de

1. Pierrette Fleutiaux, *Histoire du gouffre et de la lunette,* éd. Julliard.

flux. Parler toujours en géographe : supposons qu'entre *l'Ouest et l'Est* une certaine segmentarité s'installe, opposée dans une machine binaire, arrangée dans des appareils d'Etat, surcodée par une machine abstraite comme esquisse d'un Ordre mondial. C'est alors du *Nord au Sud* que se fait la « destabilisation », comme dit mélancoliquement Giscard d'Estaing, et qu'un ruisseau se creuse, même un peu profond ruisseau, qui remet tout en jeu et déroute le plan d'organisation. Un Corse ici, ailleurs un Palestinien, un détourneur d'avion, une poussée tribale, un mouvement féministe, un écologiste vert, un Russe dissident, il y aura toujours quelqu'un pour surgir au sud. Imaginez les Grecs et les Troyens comme deux segments opposés, face à face; mais voilà que les Amazones arrivent, elles commencent par culbuter les Troyens, si bien que les Grecs crient « les Amazones avec nous », mais elles se retournent contre les Grecs, les prennent à revers avec la violence d'un torrent. Ainsi commence la *Penthésilée* de Kleist. Les grandes ruptures, les grandes oppositions sont toujours négociables; mais pas la petite fêlure, les ruptures imperceptibles, qui viennent du sud. Nous disons « sud » sans y attacher d'importance. Nous parlons de sud, pour marquer une direction qui n'est plus celle de la ligne à segments. Mais chacun a son sud, situé n'importe où, c'est-à-dire sa ligne de pente ou de fuite. Les nations, les classes, les sexes ont leur sud. Godard : ce qui compte, ce ne sont pas seulement les deux camps opposés sur la grande ligne où ils se confrontent, ce qui compte, c'est aussi la frontière, par où tout passe et file sur une ligne brisée moléculaire autrement orientée. Mai 68, ce fut l'explosion d'une telle ligne moléculaire, irruption des Amazones, frontière qui traçait sa ligne inattendue, entraînant les segments comme des blocs arrachés qui ne se reconnaissaient plus.

On peut nous reprocher de ne pas sortir du dualisme, avec deux sortes de lignes, découpées, planifiées, machinées différemment. Mais ce qui définit le dualisme, ce n'est pas un nombre de termes, pas plus qu'on ne sort du dualisme en ajoutant d'autres termes (x $>$ 2). On ne sort effectivement des dualismes qu'en les déplaçant à la manière d'une charge, et lorsqu'on trouve entre les termes, qu'ils soient deux ou davantage, un défilé étroit comme une bordure ou une frontière qui va faire de l'ensemble une multiplicité, indépendamment du nombre des parties. Ce que nous appelons agencement, c'est précisément une multiplicité. Or un agencement quelconque comporte nécessairement des lignes de segmentarité dure et binaire, non moins que des lignes moléculaires, ou des lignes de bordure, de fuite ou de pente. Les dispositifs de pouvoir ne nous semblent pas exactement constitutifs des agencements, mais en faire partie dans une dimension sur laquelle tout l'agencement peut basculer ou se replier. Mais justement, dans la mesure où les dualismes appartiennent à cette dimension, une autre dimension d'agencement ne fait pas dualisme avec celle-ci. Il n'y a pas dualisme entre les machines abstraites surcodantes, et les machines abstraites de mutation : celles-ci se trouvent segmentarisées, organisées, surcodées par les autres, en même temps qu'elles les minent, toutes deux travaillent les unes dans les autres au sein de l'agencement. De même il n'y a pas dualisme entre deux plans d'organisation transcendante et de consistance immanente : c'est bien aux formes et aux sujets du premier plan que le second ne cesse d'arracher les particules entre lesquelles il n'y a plus que des rapports de vitesse et de lenteur, et c'est aussi sur le plan d'immanence que l'autre s'élève, travaillant en lui pour bloquer les mouvements, fixer les affects, organiser des formes et des sujets. Les indicateurs de vitesse supposent des formes qu'ils dissolvent, non moins que les organisations supposent le matériau en fusion qu'elles mettent en ordre. Nous ne parlons donc pas d'un dualisme entre deux sortes de « choses », mais d'une multiplicité de dimensions, de lignes et de directions au sein d'un agencement. A la question, comment le désir peut-il désirer sa propre répression, comment peut-il désirer son esclavage, nous répondons que les pouvoirs qui écrasent le désir, ou qui l'assujettissent, font déjà partie des agencements de désir eux-mêmes : il suffit que le désir suive cette ligne-là, qu'il se trouve pris, comme un bateau, sous ce vent-là. Il n'y a pas plus désir *de* révolution, que désir *de* pouvoir, désir *d*'opprimer ou *d*'être opprimé ; mais révolution, oppression, pouvoir, etc., sont des lignes composantes actuelles d'un agencement donné. Non pas que ces lignes préexistent ; elles se tracent, elles se composent, immanentes les unes aux autres, emmêlées les unes dans les autres, en même temps que l'agencement de désir se fait, avec ses machines enchevêtrées, et ses plans entrecoupés. On ne sait pas d'avance ce qui va fonctionner comme ligne de pente, ni la forme de ce qui va venir la barrer. C'est vrai d'un agencement musical, par exemple : avec ses codes et territorialités, ses contraintes et ses appareils de pouvoir, ses mesures dichotomisées, ses formes mélodiques et harmoniques qui se développent, son plan d'organisation transcendant, mais aussi avec ses transformateurs de vitesse entre molécules sonores, son « temps non pulsé », ses proliférations et dissolutions, ses devenirs-enfant, devenirs-femme, animal, son plan de consistance immanent. Rôle du pouvoir d'Eglise, longtemps, dans les agencements musicaux, et ce que les musiciens réussissaient à faire passer là-dedans, ou au milieu. C'est vrai de tout agencement.

Ce qu'il faudrait comparer dans chaque cas, ce sont les mouvements de déterritorialisation et les processus de re-territorialisation qui apparaissent dans un agencement. Mais qu'est-ce que veulent dire ces mots, que Félix invente pour en faire des coefficients variables ? On pourrait reprendre les lieux communs de l'évolution de l'humanité : l'homme, *animal déterritorialisé*. Quand on nous dit que l'hominien dégage de la terre ses pattes antérieures, et que la main est d'abord locomotrice, puis préhensive, ce sont des seuils ou des quanta de déterritorialisation, mais chaque fois avec re-territorialisation complémentaire : la main locomotrice comme patte déterritorialisée se reterritorialise sur les branches dont elle se sert pour passer d'arbre en arbre; la main préhensive comme locomotion déterritorialisée se re-territorialise sur des éléments arrachés, empruntés, nommés outils, qu'elle va brandir ou propulser. Mais l'outil « bâton » est lui-même une branche déterritorialisée; et les grandes inventions de l'homme impliquent un passage à la steppe comme forêt déterritorialisée; en même temps l'homme se re-territorialise sur la steppe. On dit du sein que c'est une glande mammaire déterritorialisée, par stature verticale; et que la bouche est une gueule déterritorialisée, par retroussement des muqueuses à l'extérieur (lèvres) : mais s'opère une re-territorialisation corrélative des lèvres sur le sein et inversement, si bien que les corps et les milieux sont parcourus de vitesses de déterritorialisation très différentes, de vitesses différentielles, dont les complémentarités vont former des continuums d'intensité, mais aussi vont donner lieu à des processus de re-territorialisation. A la limite, c'est la Terre elle-même, la déterritorialisée (« le désert croît... »), et c'est le nomade, l'homme de la terre, l'homme de la déterritorialisation — bien qu'il soit aussi celui qui ne bouge pas, qui reste accroché au milieu, désert ou steppe.

DEUXIEME PARTIE

Mais c'est dans des champs sociaux concrets, à tel ou tel moment, qu'il faut étudier les mouvements comparés de déterritorialisation, les continuums d'intensité et les conjugaisons de flux qu'ils forment. Nous prenons comme exemples, autour du XIe siècle : le mouvement de fuite des masses monétaires; la grande déterritorialisation des masses paysannes, sous la pression des dernières invasions, et des exigences accrues des seigneurs; la déterritorialisation des masses nobiliaires, qui prend des formes aussi diverses que la croisade, l'installation dans les villes, les nouveaux types d'exploitation de la terre (affermage ou salariat); les nouvelles figures de villes, dont les équipements sont de moins en moins territoriaux; la déterritorialisation d'Eglise, avec sa dépossession terrienne, sa « paix de Dieu », son organisation de croisades; la déterritorialisation de la femme avec l'amour chevaleresque, puis avec l'amour courtois. Les Croisades (y compris les croisades d'enfants) peuvent apparaître comme un seuil de conjugaison de tous ces mouvements. D'une certaine manière on dira que, dans une société, ce qui est premier, ce sont les lignes, les mouvements de fuite. Car ceux-ci, loin d'être une fuite hors du social, loin d'être utopiques ou mêmes idéologiques, sont constitutifs du champ social, dont ils tracent la pente et les frontières, tout le devenir. On reconnaît sommairement un marxiste à ce qu'il dit qu'une société se contredit, se définit par ses contradictions, et notamment contradictions de classes. Nous disons plutôt que, dans une société, tout fuit, et qu'une société se définit par ses lignes de fuite qui affectent des masses de toute nature (encore une fois « masse » est une notion moléculaire). Une société, mais aussi un agencement collectif, se définit d'abord par ses pointes de déterritorialisation, ses flux de déterritorialisation. Les grandes aventures géographiques de l'histoire sont des lignes de fuite, c'est-à-dire de longues marches, à pied, à cheval ou en bateau : celle des Hébreux dans le désert, celle de Genséric le Vandale traversant la Méditerranée, celle des nomades à travers la steppe, la longue marche des Chinois — c'est toujours sur une ligne de fuite qu'on crée, certes pas parce qu'on imagine ou qu'on rêve, mais au contraire parce qu'on y trace du réel, et que l'on y compose un plan de consistance. Fuir, mais en fuyant, chercher une arme.

Cette primauté des lignes de fuite, il ne faut pas l'entendre chronologiquement, mais pas non plus au sens d'une éternelle généralité. C'est plutôt le fait et le droit de l'intempestif : un temps non pulsé, une heccéité comme un vent qui se lève, un minuit, un midi. Car les re-territorialisations se font en même temps : monétaire, sur de nouveaux circuits; rurale, sur de nouveaux modes d'exploitation; urbaine, sur de nouvelles fonctions, etc. C'est dans la mesure où se fait une accumulation de toutes ces re-territorialisations, qui se dégage alors une « classe » qui en bénéficie particulièrement, capable d'en homogénéiser et d'en surcoder tous les segments. A la limite, il faudrait distinguer les mouvements de masses, de toute nature, avec leurs coefficients de vitesse respectifs, et les stabilisations de classes, avec leurs segments distribués dans la re-territorialisation d'ensemble — la même chose agissant comme masse et comme classe, mais sur deux lignes différentes enchevêtrées, avec des contours qui ne coïncident pas. On peut mieux comprendre alors pourquoi nous disons tantôt qu'il y a au moins trois lignes différentes, tantôt seulement deux, tantôt même qu'il n'y en a qu'une, très embrouillée. Tantôt trois lignes en effet, parce que la ligne de fuite ou de rupture conjugue tous les mouvements de déterritorialisation, en précipite les quanta, en arrache des particules accélérées qui entrent dans le voisinage les unes des autres, les porte sur un plan de consistance ou une machine mutante; et puis une seconde ligne, moléculaire, où les déterritorialisations ne sont plus que relatives, toujours compensées par des re-territorialisations qui leur imposent autant de boucles, de détours, d'équilibrage et de stabilisation; enfin la ligne molaire à segments bien déterminés, où les re-territorialisations s'accumulent pour constituer un plan d'organisation et passer dans une machine de surcodage. Trois lignes, dont l'une serait comme la ligne nomade, l'autre, migrante, l'autre sédentaire (le migrant, pas du tout la même chose que le nomade). Ou bien il n'y aurait que deux lignes, parce que la ligne moléculaire apparaîtrait seulement comme oscillant entre les deux extrêmes, tantôt emportée par la conjugaison des flux de déterritorialisation, tantôt rapportée à l'accumulation des re-territorialisations (le migrant tantôt se fait l'allié du nomade, tantôt mercenaire ou fédéré d'un empire : les Ostrogoths et les Wisigoths). Ou bien il n'y a qu'une ligne, la ligne de fuite première, de bordure ou de frontière, qui se relativise dans la seconde ligne, qui se laisse stopper ou couper dans la troisième. Mais même alors, il peut être commode de présenter LA ligne comme naissant de l'explosion des deux autres. Rien de plus compliqué que la ligne ou les lignes : c'est celle dont Melville parle, unissant les canots dans leur segmentarité organisée, le capitaine Achab dans son devenir-animal et moléculaire, la baleine blanche dans sa folle fuite. Revenons aux régimes de signes dont nous parlions précédemment : comment la ligne de fuite est barrée dans le régime despotique, affectée d'un signe négatif; comment elle trouve dans le régime des Hébreux une valeur positive, mais relative, découpée en procès successifs... Ce n'était que deux cas très sommaires, il y en a tant d'autres, c'est chaque fois l'essentiel de la politique. La politique est une expérimentation active, parce qu'on ne sait pas d'avance comment une ligne va tourner. Faire passer la ligne, dit le comptable : mais justement on peut la faire passer *n'importe où.*

Il y a tant de dangers, chacune des trois lignes a ses dangers. Le danger de la segmentarité dure ou de la ligne de coupure apparaît partout. Car celle-ci ne concerne pas seulement nos rapports avec l'Etat, mais tous les dispositifs de pouvoir qui travaillent nos corps, toutes les machines binaires qui nous découpent, les machines abstraites qui nous surcodent; elle concerne notre manière de percevoir, d'agir, de sentir, nos régimes de signes. Il est bien vrai que les Etats nationaux oscillent entre deux pôles : libéral, l'Etat n'est qu'un appareil qui oriente l'effectuation de la machine abstraite; totalitaire, il prend sur soi la machine abstraite, et tend à se confondre avec elle. Mais les segments qui nous traversent et par lesquels nous passons, de toute façon, sont marqués d'une rigidité qui nous rassure, tout en faisant de nous les créatures les plus peureuses, les plus impitoyables aussi, les plus amères. Le danger est tellement partout, et tellement évident qu'il faudrait plutôt se demander en quoi nous avons quand même besoin d'une telle segmentarité. Même si nous avions le pouvoir de la faire sauter, pourrions-nous y arriver sans nous détruire nous-mêmes, tant elle fait partie des conditions de vie, y compris de notre organisme et de notre raison même? La prudence avec laquelle nous devons manier cette ligne, les précautions à prendre pour l'assouplir, la suspendre, la détourner, la miner, témoignent d'un long travail qui ne se fait pas seulement contre l'Etat et les pouvoirs, mais directement sur soi.

D'autant plus que la seconde ligne a elle-même ses dangers. Assurément il ne suffit pas d'atteindre ou de tracer une ligne moléculaire, d'être emporté sur une ligne souple. Là aussi, tout est concerné, notre perception, nos actions et passions, nos régimes de signes. Mais non seulement nous pouvons retrouver sur une ligne souple les mêmes dangers que sur la dure, simplement miniaturisés, disséminés ou plutôt molécularisés : des petits œdipes de communauté ont pris la place de l'Œdipe familial, des rapports mouvants de force ont pris le relais des dispositifs de pouvoir, les fêlures ont remplacé les ségrégations. Il y a pire encore : ce sont les lignes souples elles-mêmes qui produisent ou affrontent leurs propres dangers, un seuil franchi trop vite, une intensité devenue dangereuse parce qu'on ne pouvait pas la supporter. Vous n'avez pas pris assez de précautions. C'est le phénomène « trou noir » : une ligne souple se précipite dans un trou noir dont elle ne pourra pas sortir. Guattari parle des micro-fascismes qui existent dans un champ social sans être nécessairement centralisés dans un appareil d'Etat particulier. On a quitté les rivages de la segmentarité dure, mais on est entré dans un régime non moins concerté, où chacun s'enfonce dans son trou noir et devient dangereux dans ce trou, disposant d'une assurance sur son cas, son rôle et sa mission, plus inquiétante encore que les certitudes de la première ligne : les Staline de petits groupes, les justiciers de quartiers, les micro-fascismes de bandes... On nous a fait dire que, pour nous, le schizophrène était le vrai révolutionnaire. Nous croyons plutôt que la schizophrénie est la chute d'un processus moléculaire dans un trou noir. Les marginaux nous ont toujours fait peur, et un peu horreur. Ils ne sont pas assez clandestins.

[Note G. D. En tout cas, ils me font peur. Il y a une parole moléculaire de la folie « in vivo », ou du drogué, ou du délinquant, qui ne vaut pas mieux que les grands discours d'un psychiatre « in vitro ». Autant d'assurance d'un côté que de certitude de l'autre. Ce ne sont pas les marginaux qui créent les lignes, ils s'installent sur ces lignes, ils en font leur propriété, et c'est parfait quand ils ont la curieuse modestie des hommes de ligne, la prudence de l'expérimentateur, mais c'est la catastrophe quand ils glissent dans un trou noir, d'où ne sort plus que la parole micro-fasciste de leur dépendance et de leur tournoiement : « Nous sommes l'avant-garde », « nous sommes les marginaux... »]

Il arrive même que les deux lignes se nourrissent l'une l'autre, et que l'organisation d'une segmentarité de plus en plus dure, au niveau des grands ensembles molaires, entre en circuit avec la gestion des petites terreurs et des trous noirs où chacun plonge dans le réseau moléculaire. Paul Virilio fait le tableau de l'Etat mondial tel qu'il s'esquisse aujourd'hui : Etat de la paix absolue plus terrifiant encore que celui de la guerre totale, ayant réalisé sa pleine identité avec la machine abstraite, et où l'équilibre des sphères d'influence et des grands segments communique avec une « capillarité secrète » — où la cité lumineuse et bien découpée n'abrite plus que des troglodytes nocturnes, chacun enfoncé dans son trou noir, « marécage social » qui complète exactement la « société évidente et surorganisée [1] ».

Et ce serait une erreur de croire qu'il suffit de prendre enfin la ligne de fuite ou de rupture. D'abord il faut la tracer, savoir où et comment la tracer. Et puis elle a elle-même son danger, qui est peut-être le pire. Non seulement les lignes de fuite, de plus grande pente, risquent d'être barrées, segmentarisées, précipitées dans des trous noirs, mais elles ont un risque particulier en plus : tourner en lignes d'abolition, de destruction, des autres et de soi-même. Passion d'abolition. Même la musique, pourquoi donne-t-elle tant envie de mourir? Le cri de mort de Marie, tout en longueur, au ras des eaux, et le cri de mort de Lulu, vertical et céleste. Toute la musique entre ces deux cris? Tous les exemples que nous avons donnés de lignes de fuite, ne serait-ce que chez les écrivains que nous aimons, comment se fait-il qu'ils tournent si mal? Et les lignes de fuite tournent mal, non pas parce qu'elles sont imaginaires, mais justement parce qu'elles sont réelles et dans leur réalité. Elles tournent mal, non seulement parce

---

1. Paul Virilio, *L'Insécurité du territoire,* éd. Stock.

qu'elles sont court-circuitées par les deux autres lignes, mais en elles-mêmes, à cause d'un danger qu'elles secrètent. Kleist et son suicide à deux, Hölderlin et sa folie, Fitzgerald et sa démolition, Virginia Woolf et sa disparition. On pout imaginer certaines de ces morts apaisées et même heureuses, heccéité d'une mort qui n'est plus celle d'une personne, mais le dégagement d'un événement pur, à son heure, sur son plan. Mais justement le plan d'immanence, le plan de consistance ne peut-il nous apporter qu'une mort relativement digne et non amère? Il n'était pas fait pour ça. Même si toute création se termine dans son abolition qui la travaille dès le début, même si toute la musique est une poursuite du silence, elles ne peuvent pas être jugées d'après leur fin ni leur but supposé, car elles les excèdent de toutes parts. Quand elles débouchent sur la mort, c'est en fonction d'un danger qui leur est propre, et non d'une destination qui serait la leur. Voilà ce que nous voulons dire : pourquoi, sur les lignes de fuite en tant que réelles, la « métaphore » de la guerre revient-elle si souvent, même au niveau le plus personnel, le plus individuel? Hölderlin et le champ de bataille, Hypérion. Kleist, et partout dans son œuvre l'idée d'une machine de guerre contre les appareils d'Etat, mais aussi dans sa vie l'idée d'une guerre à mener, qui doit le conduire au suicide. Fitzgerald : « J'avais le sentiment d'être debout au crépuscule sur un champ de tir abandonné... » *Critique et clinique :* c'est la même chose, la vie, l'œuvre, quand elles ont épousé la ligne de fuite qui en fait les pièces d'une même machine de guerre. Il y a longtemps, dans ces conditions, que la vie a cessé d'être personnelle, et que l'œuvre a cessé d'être littéraire, ou textuelle.

Assurément la guerre n'est pas une métaphore. Nous supposons avec Félix que la machine de guerre a une tout autre nature et origine que l'appareil d'Etat. La machine de guerre aurait son origine chez les pasteurs nomades, contre les sédentaires impériaux; elle implique une organisation arithmétique dans un espace ouvert où les hommes et les bêtes se distribuent, par opposition à l'organisation géométrique d'Etat qui répartit un espace clos (même lorsque la machine de guerre se rapporte à une géométrie, c'est une géométrie très différente de celle de l'Etat, une espèce de géométrie archimédienne, une géométrie des « problèmes », et non pas des « théorèmes » comme celle d'Euclide). Inversement le pouvoir d'Etat ne repose pas sur une machine de guerre, mais sur l'exercice des machines binaires qui nous traversent et de la machine abstraite qui nous surcode : toute une « police ». La machine de guerre, au contraire, est traversée par les devenirs-animaux, les devenirs-femme, les devenirs-imperceptible du guerrier (cf. le secret comme invention de la machine de guerre, par opposition à la « publicité » du despote ou de l'homme d'Etat). Dumézil a souvent insisté sur cette position excentrique du guerrier par rapport à l'Etat; Luc de Heusch montre comment la machine de guerre vient du dehors, se précipitant sur un Etat déjà développé qui ne la comportait pas [1]. Pierre Clastres, dans un texte ultime, explique comment la fonction de la guerre, dans les groupes primitifs, était précisément de conjurer la formation d'un appareil d'Etat [2]. On dirait que l'appareil d'Etat et la machine de guerre n'appartiennent pas aux mêmes lignes, ne se construisent pas sur les mêmes lignes : tandis que l'appareil d'Etat appartient aux lignes de segmentarité dure, et même les conditionne en tant qu'il effectue leur surcodage, la machine de guerre suit les lignes de fuite et de plus grande pente, venant du fond de la steppe ou du désert et s'enfonçant dans l'Empire. Gengis Khan et l'empereur de Chine. L'organisation militaire est une organisation de fuite, même celle que Moïse donne à son peuple, non pas seulement parce qu'elle consiste à fuir quelque chose, ni même à faire fuir l'ennemi, mais parce qu'elle trace, partout où elle passe, une ligne de fuite ou de déterritorialisation qui ne fait qu'un avec sa propre politique et sa propre stratégie. Dans ces

1. Georges Dumézil, notamment *Heur et malheur du guerrier*, PUF, et *Mythe et Epopée*, t. II, éd. Gallimard. Luc de Heusch, *Le Roi ivre ou l'origine de l'Etat*, éd. Gallimard.
2. Pierre Clastres, *La Guerre dans les sociétés primitives*, in « Libre » n° 1, éd. Payot.

conditions, un des problèmes les plus considérables qui se poseront aux Etats sera d'intégrer la machine de guerre sous forme d'armée institutionnalisée, d'en faire une pièce de leur police générale (Tamerlan est peut-être l'exemple le plus frappant d'une telle conversion). L'armée n'est jamais qu'un compromis. Il peut arriver que la machine de guerre devienne mercenaire, ou bien qu'elle se laisse approprier par l'Etat dans la mesure même où elle le conquiert. Mais il y aura toujours une tension entre l'appareil d'Etat, avec son exigence de propre conservation, et la machine de guerre, dans son entreprise de détruire l'Etat, les sujets de l'Etat, et même de se détruire ou de se dissoudre elle-même le long de la ligne de fuite. S'il n'y a pas d'histoire du point de vue des nomades, bien que tout passe par eux, au point qu'ils sont comme les « noumènes » ou l'inconnaissable de l'histoire, c'est parce qu'ils sont inséparables de cette entreprise d'abolition qui fait que les empires nomades se dissipent comme d'eux-mêmes, en même temps que la machine de guerre ou bien se détruit, ou bien passe au service de l'Etat. Bref, la ligne de fuite se convertit en ligne d'abolition, de destruction des autres et de soi-même, chaque fois qu'elle est tracée par une machine de guerre. Et c'est là le danger spécial à ce type de ligne, qui se mêle mais ne se confond pas avec les dangers précédents. Au point que, chaque fois qu'une ligne de fuite tourne en ligne de mort, nous n'invoquons pas une pulsion intérieure du type « instinct de mort », nous invoquons encore un agencement de désir qui met en jeu une machine objectivement ou extrinsèquement définissable. Ce n'est donc pas par métaphore que, chaque fois que quelqu'un détruit les autres et se détruit soi-même, il a sur sa ligne de fuite inventé sa propre machine de guerre : la machine de guerre conjugale de Strindberg, la machine de guerre alcoolique de Fitzgerald... Tout l'œuvre de Kleist repose sur le constat suivant : il n'y a plus de machine de guerre à grande échelle telles les Amazones, la machine de guerre n'est plus qu'un rêve qui se dissipe lui-même et fait place aux armées nationales (Prince de Hombourg); comment réinventer une machine de guerre d'un nouveau type (Michael Kohlhaas), comment tracer la ligne de fuite dont on sait bien pourtant qu'elle nous mène à l'abolition (suicide à deux)? Mener sa propre guerre?... Ou bien comment déjouer ce dernier piège?

Les différences ne passent pas entre individuel et collectif, car nous ne voyons aucune dualité entre les deux types de problèmes : il n'y a pas de sujet d'énonciation, mais tout nom propre est collectif, tout agencement est déjà collectif. Les différences ne passent pas davantage entre naturel et artificiel, tant les deux appartiennent à la machine et s'y échangent. Ni entre spontané et organisé, tant la seule question concerne les modes d'organisation. Ni entre segmentaire et centralisé, tant la centralisation est elle-même une organisation qui repose sur une forme de segmentarité dure. Les différences effectives passent entre les lignes, bien qu'elles soient toutes immanentes les unes aux autres, emmêlées les unes dans les autres. C'est pourquoi la question de la schizo-analyse ou de la pragmatique, la micro-politique elle-même, ne consistent jamais à interpréter, mais à demander seulement : quelles sont tes lignes à toi, individu ou groupe, et quels dangers sur chacune? — 1° Quels sont tes segments durs, tes machines binaires et de surcodage? Car même celles-là ne sont pas données toutes faites, nous ne sommes pas seulement découpés par des machines binaires de classe, de sexe ou d'âge : il y en a d'autres que nous ne cessons de déplacer, d'inventer sans le savoir. Et quels dangers si nous faisons sauter ces segments trop vite? L'organisme même n'en mourra-t-il pas, lui qui possède aussi ses machines binaires, jusque dans ses nerfs et son cerveau? — 2° Quelles sont tes lignes souples, quels flux et quels seuils? Quel ensemble de déterritorialisations relatives, et de re-territorialisations corrélatives? Et la distribution des trous noirs : quels sont les trous noirs de chacun, là où une bête se loge, où un micro-fascisme se nourrit? — 3° Quelles sont tes lignes de fuite, là où les flux se conjuguent, là où les seuils atteignent un point d'adjacence et de rupture? Sont-elles encore vivables, ou bien déjà prises dans une machine de destruction et d'auto-destruction qui recomposerait un fascisme molaire? — Il peut arriver qu'un agencement de désir et d'énonciation soit rabattu sur ses lignes les plus dures, sur ses dispositifs de pouvoir. Il y a des agencements qui n'ont que ces lignes-là. Mais les autres dangers guettent chacun, plus souples et plus visqueux, dont chacun seul est juge, tant qu'il n'est pas trop tard. La question « comment le désir peut-il désirer sa propre répression? » ne présente pas de difficulté théorique réelle, mais beaucoup de difficultés pratiques chaque fois. Il y a désir dès qu'il y a machine ou « corps sans organes ». Mais il y a des corps sans organes comme des enveloppes vides indurées, parce qu'on aura fait sauter trop vite et trop fort leurs composantes organiques, « overdose ». Il y a des corps sans organes, cancéreux, fascistes, dans des trous noirs ou des machines d'abolition. Comment le désir peut-il déjouer tout cela, en menant son plan d'immanence et de consistance qui affronte chaque fois ces dangers?

Il n'y a aucune recette générale. Nous en avons fini avec tous les concepts globalisants. Même les concepts sont des heccéités, des événements. Ce qu'il y a d'intéressant dans des concepts comme désir, ou machine, ou agencement, c'est qu'ils ne valent que par leurs variables, et par le maximum de variables qu'ils permettent. Nous ne sommes pas pour des concepts aussi gros que des dents creuses, LA loi, LE maître, LE rebelle. Nous ne sommes pas là pour tenir le compte des morts et des victimes de l'histoire, le martyre des Goulags, et pour conclure : « La révolution est impossible, mais nous penseurs, il faut que nous pensions l'impossible, puisque cet impossible n'existe que par notre pensée! » Il nous semble qu'il n'y aurait jamais eu le moindre Goulag si les victimes avaient tenu le discours que tiennent aujourd'hui ceux qui pleurent sur elles. Il a fallu que les victimes pensent et vivent tout autrement, pour donner matière à ceux qui pleurent en leur nom, et qui pensent en leur nom, et qui donnent des leçons en leur nom. C'est leur force de vie qui les poussaient, et non pas leur aigreur; leur sobriété, et pas leur ambition; leur anorexie et pas leurs gros appétits, comme dirait Zola. Nous aurions voulu faire un livre de vie, et pas de comptabilité, de tribunal, même du peuple ou de la pensée pure. La question d'une révolution n'a jamais été : spontanéité utopique ou organisation d'Etat. Quand on récuse le modèle de l'appareil d'Etat, ou de l'organisation de parti qui se modèle sur la conquête de cet appareil, on ne tombe pas pour autant dans l'alternative grotesque : ou bien faire appel à un état de nature, à une dynamique spontanée; ou bien devenir le penseur soi-disant lucide d'une révolution impossible, dont on tire tant de plaisir qu'elle soit impossible. La question a toujours été organisationnelle, pas du tout idéologique : une organisation est-elle possible, qui ne se modèle pas sur l'appareil d'Etat, même pour préfigurer l'Etat à venir? Alors, une machine de guerre, avec ses lignes de fuite? Opposer la machine de guerre à l'appareil d'Etat : dans tout agencement, même musical, même littéraire, il faudrait évaluer le degré de voisinage avec tel ou tel pôle. Mais comment une machine de guerre, dans n'importe quel domaine, deviendrait-elle moderne, et comment conjurerait-elle ses propres dangers fascistes, face aux dangers totalitaires de l'Etat, ses propres dangers de destruction face à la conservation de l'Etat? D'une certaine manière, c'est tout simple, ça se fait tout seul, et tous les jours. L'erreur serait de dire : il y a un Etat globalisant, maître de ses plans et tendant ses pièges; et puis, une force de résistance qui va épouser la forme de l'Etat, quitte à nous trahir, ou bien qui va tomber dans les luttes locales partielles ou spontanées, quitte à être chaque fois étouffées et battues. L'Etat le plus centralisé n'est pas du tout maître de ses plans, lui aussi est expérimentateur, il fait des injections, il n'arrive pas à prévoir quoi que ce soit : les économistes d'Etat se déclarent incapables de prévoir l'augmentation d'une masse monétaire. La politique américaine est bien forcée de procéder par injections empiriques, pas du tout par programmes apodictiques. Quel jeu triste et truqué jouent ceux qui parlent d'un Maître suprêmement malin, pour présenter d'eux-mêmes l'image de penseurs rigoureux, incorruptibles et « pessimistes »? C'est sur les lignes différentes d'agencements complexes que les pouvoirs mènent leurs expérimentations, mais que se lèvent aussi des expérimentateurs d'une autre sorte, déjouant les prévisions, traçant des lignes de fuite actives, cherchant la conjugaison de ces lignes, précipitant leur vitesse ou la ralentissant, créant morceau par morceau le plan de consistance, avec une machine de guerre qui mesurerait à chaque pas les dangers qu'elle rencontre.

Ce qui caractérise notre situation est à la fois au-delà et en deçà de l'Etat. *Au-delà* des Etats nationaux, le développement du marché mondial, la puissance des sociétés multinationales, l'esquisse d'une organisation « planétaire », l'extension du capitalisme à tout le corps social, forment bien une grande machine abstraite qui surcode les flux monétaires, industriels, technologiques. En même temps les moyens d'exploitation, de contrôle et de surveillance deviennent de plus en plus subtils et diffus, moléculaires en quelque sorte (les ouvriers des pays riches participent nécessairement au pillage du Tiers Monde, les hommes, à la sur-exploitation des femmes, etc.). Mais la machine abstraite, avec ses dysfonctionnements, n'est pas plus infaillible que les Etats nationaux qui n'arrivent pas à les régler sur leur propre territoire et d'un territoire à l'autre. L'Etat ne dispose plus des moyens politiques, institutionnels ou même financiers qui lui permettraient de parer aux contrecoups sociaux de la machine; il est douteux qu'il puisse éternellement s'appuyer sur de vieilles formes comme la police, les armées, les bureaucraties même syndicales, les équipements collectifs, les écoles, les familles. D'énormes glissements de terrain se font *en deçà* de l'Etat, suivant des lignes de pente ou de fuite affectant principalement : 1° le quadrillage des territoires; 2° les mécanismes d'assujettissement économique (nouveaux caractères du chômage, de l'inflation...); 3° les encadrements réglementaires de base (crise de l'école, des syndicats, de l'armée, des femmes...); 4° la nature des revendications qui deviennent qualitatives autant que quantitatives (« qualité de la vie » plutôt que « niveau de vie ») — tout cela constituant ce qu'on peut appeler un *droit au désir*. Il n'est pas étonnant que toutes sortes de questions minoritaires, linguistiques, ethniques, régionales, sexistes, juvénistes, ressurgissent non pas seulement à titre d'archaïsmes, mais sous des formes révolutionnaires actuelles qui remettent en question, de manière entièrement immanente, et l'économie globale de la machine, et les agencements d'Etats nationaux. Au lieu de parier sur l'éternelle impossibilité de la révolution et sur le retour fasciste d'une machine de guerre en général, pourquoi ne pas penser qu'*un nouveau type de révolution est en train de devenir possible,* et que toutes sortes de machines mutantes, vivantes, mènent des guerres, se conjuguent, et tracent un plan de consistance qui mine le plan d'organisation du Monde et des Etats [1] ? Car, encore une fois, le monde et ses Etats ne sont pas plus maîtres de leur plan, que les révolutionnaires ne sont condamnés à la déformation du leur. Tout se joue en parties incertaines, « face à face, dos à dos, dos à face... ». La question de l'avenir de la révolution est une mauvaise question, parce que, tant qu'on la pose, il y a autant de gens qui ne *deviennent* pas révolutionnaires, et qu'elle est précisément faite pour cela, empêcher la question du devenir-révolutionnaire des gens, à tout niveau, à chaque endroit.

---

1. Sur tous ces points, cf. Félix Guattari, *La Grande illusion,* in « Le Monde ».

ANNEXE : CHAPITRE V

L'ACTUEL ET LE VIRTUEL

PREMIERE PARTIE

La philosophie est la théorie des multiplicités. Toute multiplicité implique des éléments actuels et des éléments virtuels. Il n'y a pas d'objet purement actuel. Tout actuel s'entoure d'un brouillard d'images virtuelles. Ce brouillard s'élève de circuits coexistants plus ou moins étendus, sur lesquels les images virtuelles se distribuent et courent. C'est ainsi qu'une particule actuelle émet et absorbe des virtuels plus ou moins proches, de différents ordres. Ils sont dits virtuels en tant que leur émission et absorption, leur création et destruction se font en un temps plus petit que le minimum de temps continu pensable, et que cette brièveté les maintient dès lors sous un principe d'incertitude ou d'indétermination. Tout actuel s'entoure de cercles de virtualités toujours renouvelés, dont chacun en émet un autre, et tous entourent et réagissent sur l'actuel (« au centre de la nuée du virtuel est encore un virtuel d'ordre plus élevé... chaque particule virtuelle s'entoure de son cosmos virtuel et chacune à son tour fait de même indéfiniment... [1] » En vertu de l'identité dramatique des dynamismes, une perception est comme une particule : une perception actuelle s'entoure d'une nébulosité d'images virtuelles qui se distribuent sur des circuits mouvants de plus en plus éloi-

---

1. Michel Cassé, *Du vide et de la création*, Editions Odile Jacob, p. 72-73. Et l'étude de Pierre Lévy, *Qu'est-ce que le virtuel ?*, Editions de la Découverte.

gnés, de plus en plus larges, qui se font et se défont. Ce sont des souvenirs de différents ordres : ils sont dits images virtuelles en tant que leur vitesse ou leur brièveté les maintiennent ici sous un principe d'inconscience.

Les images virtuelles ne sont pas plus séparables de l'objet actuel que celui-ci de celles-là. Les images virtuelles réagissent donc sur l'actuel. De ce point de vue elles mesurent, sur l'ensemble des cercles ou sur chaque cercle, un continuum, un spatium déterminé dans chaque cas par un maximum de temps pensable. A ces cercles plus ou moins étendus d'images virtuelles, correspondent des couches plus ou moins profondes de l'objet actuel. Ceux-ci forment l'impulsion totale de l'objet : couches elles-mêmes virtuelles, et dans lesquelles l'objet actuel devient à son tour virtuel [2]. Objet et image sont ici tous deux virtuels, et constituent le plan d'immanence où se dissout l'objet actuel. Mais l'actuel est passé alors dans un processus d'actualisation qui affecte l'image autant que l'objet. Le continuum d'images virtuelles est fragmenté, le spatium est découpé d'après des décompositions du temps régulières ou irrégulières. Et l'impulsion totale de l'objet virtuel se brise en forces correspondant au continuum partiel, en vitesses qui parcourent le spatium découpé [3]. Le virtuel n'est jamais indépendant des singularités qui le découpent et le divisent sur le plan d'immanence. Comme l'a montré Leibniz, la force est un virtuel en cours d'actualisation, autant que l'espace dans lequel elle se déplace. Le plan se divise donc en une multiplicité de plans, suivant les coupures du continuum et les divisions de l'impulsion qui marquent une actualisation des virtuels. Mais tous les plans ne font qu'un, suivant la voie qui mène au virtuel. Le plan d'immanence comprend à la fois le virtuel et son actualisation, sans qu'il puisse y avoir de limite assignable entre les deux. L'actuel est le complément ou le produit, l'objet

2. Bergson, *Matière et mémoire*, Editions du centenaire, p. 250 (les chapitres II et III analysent la virtualité du souvenir et son actualisation).
3. Cf. Gilles Châtelet, *Les Enjeux du mobile*, Editions du Seuil, p. 54-68 (des « vitesses virtuelles » aux « découpages virtuels »).

de l'actualisation, mais celle-ci n'a pour sujet que le virtuel. L'actualisation appartient au virtuel. L'actualisation du virtuel est la singularité, tandis que l'actuel lui-même est l'individualité constituée. L'actuel tombe hors du plan comme fruit, tandis que l'actualisation le rapporte au plan comme à ce qui reconvertit l'objet en sujet.

DEUXIEME PARTIE

Nous avons considéré jusqu'à maintenant le cas où un actuel s'entoure d'autres virtualités de plus en plus étendues, de plus en plus lointaines et diverses : une particule crée des éphémères, une perception évoque des souvenirs. Mais le mouvement inverse s'impose aussi : quand les cercles se rétrécissent, et que le virtuel se rapproche de l'actuel pour s'en distinguer de moins en moins. On atteint à un circuit intérieur qui ne réunit plus que l'objet actuel et son image virtuelle : une particule actuelle a son double virtuel, qui ne s'écarte que très peu d'elle ; la perception actuelle a son propre souvenir comme une sorte de double immédiat, consécutif ou même simultané. Car, comme le montrait Bergson, le souvenir n'est pas une image actuelle qui se formerait après l'objet perçu, mais l'image virtuelle qui coexiste avec la perception actuelle de l'objet. Le souvenir est l'image virtuelle contemporaine de l'objet actuel, son double, son « image en miroir »[4]. Aussi y a-t-il coalescence et scission, ou plutôt oscillation, perpétuel échange entre l'objet actuel et son image virtuelle : l'image virtuelle ne cesse de devenir actuelle, comme dans un miroir qui s'empare du personnage, l'engouffre, et ne lui laisse plus à son tour qu'une virtualité, à la manière de *La Dame de Shanghaï*.

---

4. Bergson, *L'Énergie spirituelle,* « le souvenir du présent... », p. 917-920. Bergson insiste sur les deux mouvements, vers des cercles de plus en plus larges, vers un cercle de plus en plus étroit.

L'image virtuelle absorbe toute l'actualité du personnage, en même temps que le personnage actuel n'est plus qu'une virtualité. Cet échange perpétuel du virtuel et de l'actuel définit un cristal. C'est sur le plan d'immanence qu'apparaissent les cristaux. L'actuel et le virtuel coexistent, et entrent dans un étroit circuit qui nous ramène constamment de l'un à l'autre. Ce n'est plus une singularisation, mais une individuation comme processus, l'actuel et son virtuel. Ce n'est plus une actualisation mais une cristallisation. La pure virtualité n'a plus à s'actualiser puisqu'elle est strictement corrélative de l'actuel avec lequel elle forme le plus petit circuit. Il n'y a plus inassignabilité de l'actuel et du virtuel, mais indiscernabilité entre les deux termes qui s'échangent.

Objet actuel et image virtuelle, objet devenu virtuel et image devenue actuelle, ce sont les figures qui apparaissent déjà dans l'optique élémentaire [5]. Mais dans tous les cas, la distinction du virtuel et de l'actuel correspond à la scission la plus fondamentale du Temps, quand il avance en se différenciant suivant deux grandes voies : faire passer le présent et conserver le passé. Le présent est une donnée variable mesurée par un temps continu, c'est-à-dire par un mouvement supposé dans une seule direction : le présent passe dans la mesure où ce temps s'épuise. C'est le présent qui passe, qui définit l'actuel. Mais le virtuel apparaît de son côté dans un temps plus petit que celui qui mesure le minimum de mouvement dans une direction unique. Ce pourquoi le virtuel est « éphémère ». Mais c'est dans le virtuel aussi que le passé se conserve, puisque cet éphémère ne cesse de continuer dans le « plus petit » suivant, qui renvoie à un changement de direction. Le temps plus petit que le minimum de temps continu pensable en une direction est aussi le plus long temps, plus long que le maximum de temps continu pensable dans toutes les directions. Le présent passe (à son échelle), tandis que l'éphémère conserve et

5. A partir de l'objet actuel et de l'image virtuelle, l'optique montre dans quel cas l'objet devient virtuel, et l'image actuelle, puis comment l'objet et l'image deviennent tous deux actuels, ou tous deux virtuels.

se conserve (à la sienne). Les virtuels communiquent immédiatement par-dessus l'actuel qui les sépare. Les deux aspects du temps, l'image actuelle du présent qui passe et l'image virtuelle du passé qui se conserve, se distinguent dans l'actualisation, tout en ayant une limite inassignable, mais s'échangent dans la cristallisation, jusqu'à devenir indiscernables, chacun empruntant le rôle de l'autre.

Le rapport de l'actuel et du virtuel constitue toujours un circuit, mais de deux manières : tantôt l'actuel renvoie à des virtuels comme à d'autres choses dans de vastes circuits, où le virtuel s'actualise, tantôt l'actuel renvoie au virtuel comme à son propre virtuel, dans les plus petits circuits où le virtuel cristallise avec l'actuel. Le plan d'immanence contient à la fois l'actualisation comme rapport du virtuel avec d'autres termes, et même l'actuel comme terme avec lequel le virtuel s'échange. Dans tous les cas, le rapport de l'actuel et du virtuel n'est pas celui qu'on peut établir entre deux actuels. Les actuels impliquent des individus déjà constitués, et des déterminations par points ordinaires ; tandis que le rapport de l'actuel et du virtuel forme une individuation en acte ou une singularisation par points remarquables à déterminer dans chaque cas.

BIBLIOGRAPHIE

Empirisme et Subjectivité, 1953, PUF.
Nietzsche et la philosophie, 1962, PUF.
La Philosophie critique de Kant, 1963, PUF (collection SUP).
Proust et les signes, 1964, PUF (édition définitive augmentée, 1975).
Nietzsche, 1965, PUF (collection SUP).
Le Bergsonisme, 1966, PUF (collection SUP).
Présentation de Sacher-Masoch, 1967, Editions de Minuit.
Différence et Répétition, 1968, PUF.
Spinoza et le problème de l'expression, 1968, Editions de Minuit.
Logique du sens (appendices sur Platon, Lucrèce, Klossowski, Tournier, Zola), 1969, Editions de Minuit).
Spinoza - Philosophie pratique, 1981, Editions de Minuit.
Francis Bacon : logique de la sensation, 1981, La Différence.
Cinéma, Editions de Minuit.
    1. *L'Image-mouvement*, 1983
    2. *L'Image-temps*, 1985.
Foucault, 1986, Editions de Minuit.
Critique et Clinique, 1983, Editions de Minuit.
Périclès et Verdi : la philosophie de François Châtelet, 1988, Editions de Minuit.
Le Pli : Leibniz et le baroque, 1988, Editions de Minuit.
Pourparlers : 1972-1990, 1990, Editions de Minuit.

En collaboration avec Félix Guattari

L'Anti-Œdipe, 1972, Editions de Minuit.
Kafka, pour une littérature mineure, 1975, Editions de Minuit.
Rhizome, 1976, Editions de Minuit.
Mille Plateaux, 1980, Editions de Minuit.
Qu'est-ce que la philosophie ? 1991, Editions de Minuit.

TABLE DES MATIÈRES

I. *Un entretien, qu'est-ce que c'est, à quoi ça sert ?*
    I 7-26
    II 27-43

II. *De la supériorité de la littérature anglaise-américaine*
    I 47-63
    II 65-91

III. *Psychanalyse morte analysez*
    I 95-123
    II 125-147

IV. *Politiques*
    I 151-162
    II 163-176

Annexe : V. *L'actuel et le virtuel* 177

Bibliographie 187

Achevé d'imprimer en juin 2018
sur les presses de l'imprimerie Maury Imprimeur
45300 Malesherbes

N° d'édition : L.01EHQN000233.B005
Dépôt légal : Septembre 2008
N° d'impression : 228336

Imprimé en France